新时期反垄断问题与新经济发展研究

尹德洪 著

北京工业大学出版社

图书在版编目（CIP）数据

新时期反垄断问题与新经济发展研究 / 尹德洪著． — 北京：北京工业大学出版社，2022.2
ISBN 978-7-5639-8274-5

Ⅰ. ①新… Ⅱ. ①尹… Ⅲ. ①反垄断法－研究－中国 ②中国经济－经济发展－研究 Ⅳ. ① D922.294.4 ② F124

中国版本图书馆 CIP 数据核字（2022）第 036789 号

新时期反垄断问题与新经济发展研究
XINSHIQI FANLONGDUAN WENTI YU XINJINGJI FAZHAN YANJIU

著　　者： 尹德洪
责任编辑： 张　娇
封面设计： 知更壹点
出版发行： 北京工业大学出版社
　　　　　　（北京市朝阳区平乐园 100 号　邮编：100124）
　　　　　　010-67391722（传真）　　bgdcbs@sina.com
经销单位： 全国各地新华书店
承印单位： 唐山市铭诚印刷有限公司
开　　本： 710 毫米 ×1000 毫米　1/16
印　　张： 10.5
字　　数： 215 千字
版　　次： 2023 年 4 月第 1 版
印　　次： 2023 年 4 月第 1 次印刷
标准书号： ISBN 978-7-5639-8274-5
定　　价： 72.00 元

版权所有　翻印必究

（如发现印装质量问题，请寄本社发行部调换 010-67391106）

作者简介

尹德洪，男，1968年10月出生，江苏省连云港市人，毕业于中国人民大学，博士研究生学历，现任北京物资学院经济学院教授。研究方向：西方经济学、流通经济学。主持并完成北京市教委面上项目一项，在核心期刊发表论文四十余篇。

前　言

随着互联网技术的进步，经济得到大力发展，由此产生的各类垄断问题也陆续出现，引发了关于垄断与竞争的思考。垄断给市场竞争秩序和消费者福利都带来了很多的威胁。反垄断法应基于创新实现过程的视角，正确理解竞争促进创新、创新提升竞争的良性互动关系。创新根植于反垄断法既有的价值目标体系之中，是反垄断法隐而不彰的价值追求，然而，在新经济时代，创新逐渐获得了独立地位，成为反垄断法主要的价值目标。反垄断法通过维护竞争机制可塑造有利于创新的内部条件和外部环境，激发创新动力、拓展创新空间，具备促进创新的基本功能。

全书共六章。第一章为绪论，主要阐述了垄断、垄断的分类、新时期反垄断目标模式的影响因素、反垄断问题的特殊性、反垄断与中国的经济发展；第二章为中国垄断现状及其成因，主要阐述了经济垄断现状、行政垄断现状、混合垄断现状；第三章为垄断与反垄断的经济分析，主要阐述了不同市场结构的绩效、垄断的效率损失与危害、政府对垄断的规制与管理；第四章为反垄断中的市场界定问题，主要阐述了相关市场的界定问题、相关市场界定方法的问题、市场份额与市场势力、国外相关市场界定经验对我国的启示及相关建议；第五章为反垄断中的瓶颈垄断问题，主要阐述了瓶颈垄断的基本界定、瓶颈垄断原则、瓶颈垄断的法律规制问题；第六章为中国反垄断对策与新经济的发展，主要阐述了新经济理论、新经济行业的特点、新经济发展下反垄断法的使命和价值定位、新时期中国反垄断的基本对策、新时期新经济平稳发展的建议。

为了确保研究内容的丰富性和多样性，笔者在写作过程中参考了大量理论与研究文献，在此向涉及的专家学者表示衷心的感谢。

最后，限于笔者水平，本书难免存在一些不足，恳请各位同人和读者批评指正！

目　　录

第一章　绪　论 ··· 1
第一节　垄断概述 ··· 1
第二节　垄断的分类 ·· 11
第三节　新时期反垄断目标模式的影响因素 ······························ 28
第四节　反垄断问题的特殊性 ··· 31
第五节　反垄断与中国的经济发展 ··· 35

第二章　中国垄断现状及其成因 ··· 40
第一节　经济垄断现状 ··· 40
第二节　行政垄断现状 ··· 48
第三节　混合垄断现状 ··· 59

第三章　垄断与反垄断的经济分析 ·· 67
第一节　不同市场结构的绩效 ··· 67
第二节　垄断的效率损失与危害 ·· 71
第三节　政府对垄断的规制与管理 ··· 76

第四章　反垄断中的市场界定问题 ·· 88
第一节　相关市场的界定问题 ··· 88
第二节　相关市场界定方法的问题 ··· 96
第三节　市场份额与市场势力 ·· 101
第四节　国外相关市场界定经验对我国的启示及相关建议 ·········· 104

第五章 反垄断中的瓶颈垄断问题 108
第一节 瓶颈垄断的基本界定 108
第二节 瓶颈垄断原则 110
第三节 瓶颈垄断的法律规制问题 117

第六章 中国反垄断对策与新经济的发展 123
第一节 新经济理论 123
第二节 新经济行业的特点 126
第三节 新经济发展下反垄断法的使命和价值定位 128
第四节 新时期中国反垄断的基本对策 136
第五节 新时期新经济平稳发展的建议 142

参考文献 159

第一章 绪 论

在全面依法治国背景下，依然存在着众多损害市场竞争的垄断行为，主要原因在于竞争法尤其是反垄断法尚未发挥应有的规制功能。以竞争中性为指引，要真正实现市场在资源配置中的决定性作用，构建统一、开放、竞争、有序的现代化市场体系，需要我们进行深入的研究。本章包含垄断概述、垄断的分类、新时期反垄断目标模式的影响因素、反垄断问题的特殊性、反垄断与中国的经济发展五部分。

第一节 垄断概述

一、垄断及相关概念

（一）垄断的概念

垄断（monopoly）有着悠久的历史，《孟子·公孙丑》提到"古之为市也，以其所有易其所无者，以此有司者治之耳。有贱丈夫焉，必求龙断而登之，以左右望，而罔市利"，以此来形容操纵市场交易的行为。我国自古称垄断为"榷"，古代中国的盐、铁、茶曾长期被官府垄断以增加财政收入。在西方社会，垄断最早来源于亚里士多德在其名著《政治学》中讲述的两个"垄断赚钱"的故事。在学理上，垄断的诠释因学科的不同而有所差异。

经济学意义上的垄断包含三个层次：一是最狭义的垄断，即独占或者支配；二是狭义的垄断，指除完全竞争之外的市场结构，包括垄断竞争、寡占和独占；三是最广义的垄断，既包含垄断结构也包含垄断行为。其中，以第二种理解最为常见。法学意义上的垄断不包含垄断结构，仅指垄断行为，如同杨紫烜所言"垄断是指经营者以独占或有组织的联合行动等方式，凭借经济优势或行政权力，操纵或支配市场，限制和排除竞争的行为"，主要包括达成垄断协议、滥用市场支配地位、经营者集中和行政垄断四种类型。

综上所言，垄断在不同的学科研究下呈现出多元的样态。

（二）竞争的概念

竞争（competition）是一个古老的概念，《庄子·齐物论》曾提道："有左有右，有伦有义，有分有辩，有竞有争，此之谓八德。"郭象注之："并逐曰竞，对辩曰争。"《辞海》和《汉语大词典》则解释为"为了自己方面的利益而跟人争胜"。现代社会对竞争一词的普遍理解是相互争利、互不相让。与字词的意思相比，学理中竞争的理解则多有不同。经济学是最早对竞争一词进行科学研究的学科。施蒂格勒认为："竞争系个人（或集团或国家）间的角逐，凡两方或多方力图取得并非各方均能获得的某些东西时，就会有竞争。"他将竞争描述成是双方或者多方为获取经济利益而存在的过程。在法学界，竞争则具有经济性和规范性的双重属性。竞争是市场经济的本质属性，竞争法是此属性在法律上的反映，市场经济强调效率和经济理性，在"经济基础决定上层建筑"的理论下，竞争法不可避免地受到竞争的经济性影响。反垄断法从结构主义到行为主义的规制转变体现出效率优先的竞争价值取向。法律的作用还体现在能够对经济行为予以规制，面对垄断所产生价值扭曲的负面影响，竞争法需要对之加以矫正，确保市场公平竞争和有序运行，因此法学中的竞争亦具有一定的规范属性。

因此，对于竞争一词，其在不同的学科和语境下体现着不同的含义与意思指向。从现代竞争法意义上看，其已不再是纯粹的经济现象描述，而是发展成在市场竞争的价值追求之上的一种制度表达。

（三）竞争与垄断的关系

竞争与垄断是竞争法中的两个核心概念，关于二者关系的理解影响着对市场经济下竞争法的认识。法国无政府主义之父蒲鲁东曾指出："垄断是竞争的必然结局，竞争在不断地自我否定中产生出垄断，垄断的这种起源就证明垄断的正当……既然竞争不可避免，那么它本身就含有垄断的思想，因为垄断好像是一个竞争的个体的屏障。"关于垄断与竞争之间的辩证关系，马克思也曾有句名言："垄断产生着竞争，竞争产生着垄断。垄断资本家彼此竞争着，竞争者逐渐变成垄断资本家。"新自由主义学派著名学者哈耶克对竞争与垄断的关系也说道："竞争与垄断相连时，竞争才达到最佳状态。垄断企业是在激烈的市场竞争中获胜而留下的有效率的企业。"整体而言，竞争和垄断是市场中存在的两种经济现象，垄断产生于竞争之中又与竞争相互转化，二者是既对立又统一的矛盾体。经济学的研究奠定了法学研究的基础，但法学对竞争与垄断又有着自身独特的认识。

在经济学语境下，市场是承担商品交换关系的场所，它能反映某一商品供求和价格等经济因素的变动情况，就如同萨缪尔森所言的"市场就是一种商品买者和卖者相互影响以决定其价格和数量所利用的一种机制"。而市场机制运行的如何，一个关键的因素是取决于市场结构，即市场结构决定着市场机制如何运行。

二、垄断行为的认定规则

由于垄断的复杂性，尽管反垄断法规定了禁止垄断的具体情形，比如禁止垄断协议、禁止滥用市场支配地位、禁止经营者集中，但是具体怎样来认定和判断垄断行为，这是一个复杂的问题。反垄断法实践形成了认定垄断的两个基本规则，一是本身违法规则，二是合理规则。此外，还存在一个特殊规则，即例外规则。

（一）本身违法规则

本身违法规则，反映的是一个事实与法律之间的逻辑判断问题，违法行为的存在与否是反垄断执法机关做出裁决的基础。比如，价格限制协议属于本身违法，不需要进行合理性分析，不需要证明被限制的价格是否合理，以及被告是否具有实施限制协议的市场能力，或者协议是否损害了其他人。之所以不需要进行合理性分析，不必关注其对竞争产生的实际效果，是因为从性质就可以推定，其产生的积极效果不可能弥补对竞争造成的损害，这就内含有"显而易见"的逻辑。本身违法规则具有低诉讼成本的优势。从理论上来说，本身违法规则关注当事人实施垄断的恶意，当事人之间进行共谋的事实或当事人单方面滥用支配地位的行为都表露了当事人的恶意。反垄断法所规制的就是当事人实施垄断行为的恶意，而不管当事人的市场地位、当事人限制价格的合理性、当事人是否已经实施了限制竞争的行为以及当事人行为的可能后果。从实践来看，本身违法规则的运用需要有法律的明确规定，只要事实判断与法律规定一致，即可以认定违法。通常适用本身违法规则的案件类型包括固定价格、划分市场和联合抵制等。我国反垄断法规定的垄断协议，即可以视为"本身违法"。

如适用本身违法规则，则意味着该类型的垄断协议，并不取决于其所产生的竞争效果，而是一旦达成纵向协议且协议缺失存在，就认定其违法。

本身违法规则的确立具有重要意义。①明确了主体实施限制竞争行为需要承担的后果。本身违法规则可以为经营者实施行为所应承担的后果给予一个预测，从而对于经营者来说有可预见性，在一定程度上减少了垄断行为的实施，增强了法律威慑力。同时，对于诉讼的结果进行有效的了解，使双方可以选择和解的方式，以减少诉讼成本。②提升行政机关以及司法机关的执法与审判效率。不管是行政机关还是司法机关，都可以省去一定的人力和物力的投入。因为无须对被告行为的主观目的和其行为所造成的后果花费时间和精力进行调查，仅仅需要证明这些行为的确实施过即可。③原告很有可能胜诉。根据本身违法规则，只要原告证明该协议存在且在本身违法协议所规定的范围之内，被告无权就该行为是否合理进行抗辩。

（二）合理规则

合理规则，反映的是一个价值判断问题。合理规则强调的是对当事人限制竞争行为后果的考量，当事人的主观意图并不重要，当事人的行为是否限制了竞争也不重要，关键在于对这种限制带来的正负两方面的效果进行权衡，如果利大于弊，或者说它所能产生的积极效果足以弥补其对竞争的损害，则该限制就是合理的，反垄断法不予禁止；反之，就是不合理的限制。反垄断法要禁止的是不合理的限制竞争。根据这一规则，判断某项协议是否违法，并不是着眼于协议的性质，而是着眼于其对竞争造成的实际后果。适用合理规则，固然可以在一定程度上承认、容忍一些有效率的限制竞争行为，鼓励创新，少了本身违法规则"一刀切"的做法所可能产生的社会成本，但是也不可避免地带来了巨大的诉讼成本。如美国铝业公司案件，审判前后持续了13年，花费巨大；国际商用机器公司案件也消耗了大量的资源，有的评论家称该案件为联邦司法部反垄断的越南战争。

合理规则要考虑当事人所处产业的市场结构、当事人的市场权力、当事人限制竞争的目的、当事人限制竞争的必要性等因素。从实质来看，合理规则是一套经济分析规则，对经济效率的考量占据了支配性地位。从这个意义上讲，反垄断法日益变成了一套经济学的理性原则，其政治的、意识形态的特征，已经随着对其预设的共识的增长而退化了。在合理规则的分析框中，以经济效率、对国民经济发展的影响、社会公共利益等为判断商业行为合法性的标准，使得一些看起来属于垄断的行为经过合理分析之后被认为是合法行为。我国反垄断法中，经营者集中审查考虑的三个影响（对市场进入、技术进步的影响，对消费者和其他有关经营者的影响，对国民经济发展的影响），都需要运用合理规则加以判断。

合理规则并不等同于其行为本身是合法的，它是指企业所实施的协同与共谋行为并不一定就构成违法，在其实施的行为限制了竞争、造成了实际损害后，就需要对其进行限制。根据此规则，执法工作人员在实际执法的过程中，需要对与案件相关的因素予以考察，例如，违法主体实施垄断行为的目的、其实际所造成的损害等。这就要求执法机构需要整合多种因素进行考量。同时，它要求控方审查实施垄断行为对竞争所造成的影响，并确认实际的损害后果。正因如此，虽然合理规则具有一定的灵活性，但其成本较高，同时要求对市场结构、当事人的市场地位、竞争行为的市场影响等进行全面的分析，这就对执法人员的专业性有较高要求。合理规则是一项标准，用于评估协议对竞争的影响，并且只能通过分析特定的商业事实、限制的历史和限制的原因来评估基于协议判断的合法性。它要求在确定是否属于禁止垄断或限制性商业行为时，必须考虑该行为是否具备损害公共利益的目的。但还应注意，合理规则本身具有一定程度的不确定性，并且在不同时期的解释可能是不同的。合理规则也赋予了法院和执法机构一定的自由裁量权，在实际操作的过程中可能会导致权力的滥用。

1911年美国联邦最高法院审理"Dr Miles案"（迈尔斯博士医药公司案），首次确认维持最低转售价格协议本身违法，维持最低转售价格严重限制销售商之间的竞争，该协议同销售商间共谋订立价格卡特尔具有相同的后果，确立了纵向价格限制适用于本身违法规则。1997年美国通过卡恩案推翻了长久以来对维持转售价格适用本身违法规则的规定，并指出："纵向最高限价应根据合理规则进行评价，这样才可以有效识别那些具有反竞争后果的纵向最高限价行为。"自此，转售价格维持协议被排除在适用本身违法规则的范畴之外，确立了适用合理规则对各类纵向价格限制行为进行合法性评价。2007年，美国联邦最高法院"Leegin案"（丽金案）判决进一步明确了合理规则对纵向协议分析与使用，引起了我国学界的广泛关注与探讨，分析模式选择和实体制度标准的一致性等问题被广泛关注。对纵向协议的反竞争性认定，应权衡考虑其积极影响和消极影响两个方面，适用合理规则。

（三）例外规则

由于反垄断案件的复杂性与灵活性，在实际的反垄断案件中，往往存在一些可以获得豁免或者其他做出特殊处理的例外情况。这些情况实际上构成了反垄断法上存在的一个特殊规则，即例外规则。这种例外规则，特指因为特定的原因以及特殊的情况，在实际的案件处理过程中，由于案件的特殊性或是其他的一些影响因素，对违法相对人做出非一般的处理，使得执法更加适当的一种执法规则。反垄断立法所遵循的基本法律原则实际上是基于对垄断行为有利有弊这一特殊性的分析，对某一垄断行为所带来的利益以及所造成的损害进行的一种利益上的权衡取舍。在这一原则的影响之下，经常出现这种情况：如果某一垄断企业实施了垄断行为，但是其造成的损害远远低于其所带来的利益，在这种情况之下，反垄断执法机构往往不会处罚这一行为。

总之，对垄断行为的精确认定不能只是死板地看法律条文，更重要的是要考虑我国的具体经济政策以及经济发展所处的阶段。此外，认定垄断行为的思维，既是事实与法律规定之间的逻辑判断，也是综合分析经济社会因素后的正确判断。

三、国外垄断理论演进与反垄断政策

1890年世界第一部反垄断法《谢尔曼法》诞生以来，西方国家的反垄断实践总是随着垄断理论的发展而不断变化。美国作为世界上市场经济体制最为完善的国家，其反垄断政策也最具有代表性，包括欧盟、日本、澳大利亚在内的诸多组织或国家的反垄断政策都不同程度地借鉴了美国的经验。因此，下面以美国反垄断政策的变迁为例分析垄断理论的演进过程。总的来讲，根据垄断理论的发展与反垄断实践，美国反垄断政策的变迁通常被划分为五个阶段，其规制的内容主要包括垄断协议（卡特尔）、滥用市场支配地位和经营者集中等。

（一）早期的反垄断政策

美国颁布实施《谢尔曼法》的时期，正值美国经济高速增长、全国铁路交通网络初步形成以及工业企业规模急速扩张之际，美国社会中弥漫着对经济权力日益集中和膨胀的担忧情绪。因此，《谢尔曼法》应运而生。

垄断理论方面，《谢尔曼法》颁布之初，部分经济学家并不认同政府制定反垄断政策的必要性，他们认为企业规模变得更大和市场更趋于集中是市场经济不可避免的发展趋势，特别是对于那些固定成本较高的自然垄断行业，受限制的市场竞争可能会降低这些行业的规模经济性和范围经济性，甚至一些经济学家认为固定成本较高的企业可以利用价格歧视的手段来弥补其较高的固定成本。但总的来讲，这一时期垄断理论的发展较为缓慢。

垄断规制方面，早期《谢尔曼法》的工作重点之一就是界定"限制贸易协议"。如果不加区分地禁止一切企业间的合谋，可能损害企业间正常的商业合作，这并不利于经济的发展。因此，早期的《谢尔曼法》通常会谨慎区分企业间的合谋行为。

（二）政府干预主义的兴起

1914年《联邦贸易委员会法》和《克莱顿法》颁布以后，由于第一次世界大战和经济大萧条等原因，美国政府对经济的干预十分明显。1915年至1936年期间美国的反垄断政策和实践都相对宽松。反垄断执法机构通常采用商业性行为的合理性实验对企业的市场行为进行评估，以便更合理地判断其市场行为是否构成垄断违法。同时，市场份额逐渐被作为衡量企业市场势力的主要指标，但在测算市场份额时，相关市场的界定是反垄断执法的难点之一。

总的来讲，这一时期发生的第一次世界大战和经济大萧条导致美国的反垄断政策逐渐抛弃了古典经济学中自由竞争的经济理念，政府干预主义也上升为主导的经济思想。因此，这一时期的反垄断政策与实践都表现得较为宽松，被称为美国反垄断的低谷。1936年颁布的《罗宾逊-帕特曼法》是对《谢尔曼法》等反垄断政策的进一步补充，主要表现在限制大型连锁商店的扩张以保护中小零售商，以及扩大价格歧视的规制范围等，而《罗宾逊-帕特曼法》的颁布也标志着美国反垄断政策与实践重新走向复苏之路。

（三）结构主义与反垄断政策

1935年之后，对罗斯福新政的反对声音开始愈发强烈，如芝加哥大学的西蒙斯（Simons）教授等就对新政中的《国家产业复兴法》提出质疑，并要求实施稳定的反垄断政策。随后，《国家产业复兴法》和《农业调整法》先后被美国联邦最高法院认定为违反宪法而宣布废止，罗斯福总统第二阶段的新政实施不得不更重视市场竞争。

总的来讲，以结构主义理论为基础的反垄断政策执法较为严格，尤其是对企业并购的限制极为严格。这一时期美国反垄断政策对经济运行的积极干预，改变了这期间美国反垄断执法的消极状态。同时，由于反垄断政策对企业并购的严格限制，相较于同时期反垄断政策较为宽松的日本等国家，美国大企业发展缓慢且国际竞争力也逐渐下降。由于以结构主义理论为基础的反垄断政策不利于企业提高经济效率、实现规模经济和范围经济，扭曲了市场竞争机制，因此也受到芝加哥学派的严厉批评。

（四）效率主义与反垄断政策

20 世纪 70 年代初期，芝加哥学派对当时以结构主义理论为基础的反垄断政策进行了猛烈的抨击，其中也包括著名的法学家博克（Bork）和波斯纳（Bsner）。由于当时美国大企业国际竞争力逐渐下降以及美国企业在本土市场中市场份额的减少，美国的反垄断政策开始更多地关注芝加哥学派的效率主义学说，芝加哥学派也逐渐取代哈佛学派，在垄断理论中占据主导地位，并对美国反垄断政策的目标和反垄断实践产生了巨大的影响。

（五）芝加哥学派

20 世纪 90 年代初，伴随着博弈论与新实证产业组织理论的兴起，一些经济学家开始对芝加哥学派精巧理论存在的缺陷进行修正。同时，反垄断机构对垄断的规制也更趋灵活，更注重对各种限制、排除竞争的行为进行个案式的分析。除博弈论外，可竞争市场理论、资源优势理论、行为经济等相关理论也在垄断理论中占据着重要的地位。

目前，为保护和促进技术创新，美国的反垄断政策还加强了对技术垄断的关注，即在保护知识产权的同时，企业不能利用其技术优势阻碍其他企业的技术创新。2001 年全球瞩目的微软垄断案中，美国哥伦比亚联邦法院驳回肢解微软公司的判罚，仅做出微软公司从事反市场竞争行为的判决。如果市场份额作为判断标准，微软毫无疑问会与标准石油公司、美国铝业公司、美国电话电报公司等"巨无霸"一样，面临被肢解的命运。出于保护创新行为的目的，微软公司并未被肢解，但微软公司的市场行为可能会阻碍其他企业的技术创新，从而被判定为垄断违法。微软垄断案表明，美国反垄断政策开始从维护价格竞争逐渐转向促进创新。

四、国内反垄断的发展历程

（一）计划经济体制下的空白期

这一时期从 1949 年新中国成立到 1987 年前国务院法制局商讨制定竞争法律为止。整体上来说这一时期我国实行的是计划经济体制和集中统一的经济管理体制，"竞争"被定性为资本主义剥削的工具和表现，规范竞争的法律制度也日渐被排斥直至最终被否定。当然，从我国反垄断的历史演变看，以 1956 年"三大改造"和1978年改革开放为界又可分为多种所有制并存期、唯一公有制期和国有企业内部改革期三个小阶段,在这三个阶段中国有企业和竞争法有着不同的发展关系。

1.1949 年至 1956 年的多种所有制并存期

这一时期在竞争法律有着两个显著的特点:一方面加强国有企业的生成立法,逐步壮大国有企业的主体地位;另一方面出台了一些规范私营企业经营活动的法律以调动其积极性。

2.1957 年至 1978 年的唯一公有制期

随着1956年底"三大改造"的完成,高度集中的计划经济体系在我国全面建立,以国有企业为主要代表的公有制主体成为我国在此阶段的唯一经济主体,从竞争的市场结构层面看,公有制主体完全居于垄断地位。

3.1979 年至 1986 年的国有企业内部改革期

在高度集中的计划经济体制下,依靠行政强度干预而缺乏有效竞争的国有企业存在着诸多弊端,产品质量低、企业效益差、资源浪费、贪污受贿等现象严重制约了经济的发展。1978年党的十一届三中全会开启了经济体制改革的大门,国有企业逐步走出传统行政权力"放"与"收"的藩篱,进入以"扩权让利"和"两权分离"为核心内容的改革新阶段。

(二)反垄断制度的酝酿期

这一阶段以1987年前国务院法制局商讨制定竞争法律起到1993年通过《中华人民共和国反不正当竞争法》(以下简称《反不正当竞争法》)止。主要呈现出国有企业改革逐步推进、市场竞争进一步得到重视的特点,为出台统一独立的竞争法(主要是《反不正当竞争法》)进行前期经验铺垫和理论准备。

受经济体制改革的影响,我国的竞争法律法规也在同步发展。在法规条例上,1987年上海发布了《上海市制止不正当竞争暂行规定》;1989年江西省也出台了《江西省制止不正当竞争试行办法》;1983年国务院颁布的《国营工业企业暂行条例》对企业的不正当竞争行为做了规定;1987年出台的《广告管理条例》对广告领域中的垄断和不正当竞争等行为做了规定;1987年的《中华人民共和国价格管理条例》对企业等市场定价予以尊重;1989年的《关于企业兼并的暂行办法》则规范了企业集中的垄断行为。在立法发展上,1987年前国务院法制局成立了专门小组，商讨起草一部反垄断与反不正当竞争合一的法律，成为我国制定实质意义上竞争法律的开端。1988年起草小组提出了《反对垄断和不正当竞争暂行条例草案》，但由于当时的起草机关认为垄断现象并不常见，因此将草案一分为二，并在第五稿中取消了反垄断的内容，名称也改为《制止不正当竞争条例》，最终于1993年在第八届全国人大常委会第三次会议上以《反不正当竞争法》的形式通过。至此反垄断法以整体流产、部分条款嵌入《反不正当竞争法》而告终。虽然上述规范性文件以效力不等、较为分散的状态存在着，反垄断法也并未如期颁布，却为未来反垄断法的出台蓄积了力量和积累了经验。

（三）多法并存的共生期

这一时期以1993年《反不正当竞争法》颁布起到2007年《中华人民共和国反垄断法》（以下简称《反垄断法》）通过止。反垄断体系以《反不正当竞争法》《中华人民共和国价格法》（以下简称《价格法》）等法律为主，以《关于禁止公用企业限制竞争行为的若干规定》等规章条例为辅，在此阶段，我国反垄断法历经磨难和峰回路转，最终以专门反垄断法律的形式结束其立法的征程。

这期间，国内的反垄断事务主要由《反不正当竞争法》（公用企业滥用市场支配地位、行政性垄断、掠夺性定价、搭售、串通投标等条款）、1997年颁布的《价格法》（掠夺定价、歧视定价等价格垄断条款）、1999年通过的《中华人民共和国招标投标法》等法律以及1993年出台的《关于禁止公用企业限制竞争行为的若干规定》、1996年出台的《禁止民用航空运输市场不正当竞争行为规定》、2001年出台的《国务院关于禁止在市场经济活动中实行地区封锁的规定》、2003年出台的《外国投资者并购境内企业的暂行规定》等部门规章条例予以规范。

此时的反垄断规制条款，效力不一且非常分散。虽然1993年反垄断法并未如期颁布，但有关制定独立反垄断法的呼声却一直未停歇。此后，1994年和1998年全国人大常委会两次将反垄断法列入立法规划，最终均未能出台。2003年新成立的商务部继续负责起草反垄断法，并将之作为重要经济立法项目列入十届全国人大常委会立法规划。2004年国务院将其列入立法规划项目，草案于同年3月提交国务院审议。2005年《反垄断法》草案改由国务院法制办公室负责起草。2006年国务院常务会议于6月7日原则上通过了《反垄断法》草案。2007年8月30日第十届全国人大常委会第二十九次会议经表决通过《反垄断法》，自2008年8月1日起施行。

（四）以《反垄断法》为核心的规制期

以 2007 年《反垄断法》正式颁布起至今，这一时期反垄断法律体系呈现出以《反垄断法》为核心、诸多条例规章并行发展的演进状态。2007 年通过并于 2008 年 8 月 1 日正式实施的《反垄断法》是我国反垄断历史上具有里程碑式的重大事件。整体上看，《反垄断法》在吸收西方反垄断经验的基础之上针对我国突出的行政垄断问题创造性地增加了"反行政垄断"的内容。

此外，考虑到我国社会主义的现实需要，《反垄断法》在第 7 条中对国有企业的垄断地位做了保护性规定，但对其垄断行为并未予以豁免；与此同时，《反垄断法》也对执法机构、垄断调查程序以及相应的法律责任等做了规定。除了《反垄断法》的相关规定以外，一系列的规章条例也相继而出，例如，2008 年 8 月颁布《国务院关于经营者集中申报标准的规定》，2009 年 5 月发布《国务院反垄断委员会关于相关市场界定的指南》，2009 年 1 月发布《关于经营者集中申报的指导意见》，2016 年发布《关于在市场体系建设中建立公平竞争审查制度的意见》（以下简称《意见》），2019 年 7 月发布《制止滥用行政权力排除、限制竞争行为暂行规定》《禁止滥用市场支配地位行为暂行规定》《禁止垄断协议暂行规定》等。2018 年 9 月 7 日，《反垄断法》的修订工作被纳入十三届全国人大常委会立法规划项目。

第二节 垄断的分类

一、自然垄断

（一）自然垄断的内涵

自然垄断常见于水电暖等生活必需的各类公共事业领域中。一般来说，这类行业需要大量的资本去维持基础性建设，所以要营利就要达到一定的规模效应。假设在这些领域的市场上允许企业自由竞争，就可能会导致社会市场秩序的混乱和资源的分配不均。尽管自然垄断包括在垄断范畴内，但是为了平衡社会经济发展的稳定性，国家允许一些行业形成自然垄断，从这个意义上说，这种垄断是合理的。

在涉及自然垄断的行业中，如供电、供水行业，国家会因为这些行业涉及社会安定问题以及民生问题，而对其采取严格的管制。但如果随着市场规模不断扩张、生产水平逐渐提高等因素导致自然垄断行业向非自然垄断行业转化，再加之政府过度干预，依然维持国家垄断的情况可能最终会导致行政垄断的形成。

在主体方面，自然垄断的主体是市场中的企业，尽管在多数情况下自然垄断企业经营需要获得政府的特别许可，在这一过程中政府的特别许可为某些政企不分的经营企业赋予了"公权力"，导致自然垄断与行政垄断的主体出现重合，但这两种主体之间还是存在着明显的差异性。自然垄断领域主体只有一个，在自然垄断的过程中由于政府按照严格的法律规定进行权力的特许等，所以很难构成限制竞争、排除竞争。

（二）自然垄断理论综述

1. 自然垄断理论的发展

早期的自然垄断理论跟地租相关。英国古典经济学家穆勒在其著作《政治经济学原理》中首次提到自然垄断的概念。穆勒认为，自然因素的稀缺性以及所有权制度导致了自然垄断，实质是缺乏竞争的结果。托马斯·法勒是较早将经济特征引入自然垄断分析的学者，并且总结了自然垄断产业的一些特征，包括产业应该具有规模经济效应、在自然要素上有优势、所提供的生活必备产品或服务无法储存等。1887年，亨利·卡特·亚当斯（Henry Carter Adams）对规模收益进行分类，对自然垄断产业中的规模收益分为上升、不变以及下降三种情况。亚当斯对政府管制持肯定态度，他认为政府管制不仅可以增益消费者，又可以使企业保持规模优势，还能够避免企业利用垄断优势损害社会福利。

随着对经济现象认知的不断深入，自然垄断理论已经完全脱离了地租，以经济特征展开讨论，其中以规模经济最为普遍。1927年，马歇尔在其所著的《经济学原理》中提到，垄断一般出现在平均成本下降的产业，对于这种形式的产业，垄断或许是比较理想的市场结构。因为相比于竞争，垄断能够提供更大的产量以及更低的价格。斯蒂格利茨通过在城市街道架设电网线路的例证指出，由两家企业供电将缺乏效率，只有一家企业的自然垄断状态才是最优的结果。保罗·萨缪尔森（Paul A. Samuelson）进一步强调了规模经济的作用，他认为市场上仅有的一家企业具有规模经济效应时，就会出现自然垄断。自然垄断一般出现在市场上只有一家企业且规模经济较为明显的情况下。

20世纪中叶,规模经济导致自然垄断的观点逐渐遭到经济学家们的质疑。詹姆斯·邦布赖特通过研究发现,虽然一些公共事业领域的平均成本在不断增加,但由一家企业生产的成本仍然是最低的。卡恩也意识到,将规模经济作为判定自然垄断属性的条件存在一些问题。

美国经济学家鲍莫尔(Baumol)、潘扎(Panza)、威利格(Villiger)等人通过潜心研究,对传统自然垄断理论进行大胆修正,将数学领域中的次可加概念引入经济学,并定义成本次可加:只要某一行业中一家企业生产的成本低于多家企业生产的成本,那么该行业就具有成本次可加性,即自然垄断属性。1977年,鲍莫尔在《美国经济评论》发表了《论对多产品产业自然垄断的合适成本检验》;1981年《美国经济评论》继续刊登了鲍莫尔、威利格以及潘扎的《范围经济》一文;1982年夏基出版了《自然垄断理论》一书。这一系列的成果,是对传统自然垄断理论的补充和扩展,彻底推翻了建立在规模经济基础上的自然垄断判定方法。在成本次可加理论中,即使平均成本处于上升的阶段,只要一家企业生产的成本低于多家企业生产的成本,就具有成本次可加性。

此后,经济学家们在此基础上进一步拓展了研究成果,例如,模型中考虑技术进步与需求变化,引入消费者福利以及社会福利分析,加入动态演变过程等,大大充实了自然垄断的研究范围。

2. 自然垄断相关理论分析

(1)规模经济理论分析

规模经济是从生产的角度来描述投入和产出的关系:当企业能够以一倍的投入获得超过一倍的产出,那么表明该企业具有规模经济;相反,如果以一倍的投入获得低于一倍的产出,则显示出规模不经济。与之对应的另外一种说法是规模报酬,分为规模报酬递增、规模报酬不变以及规模报酬递减。规模报酬递增时平均成本下降,表现为规模经济;规模报酬不变时处于平均成本不变的区间内,表现为规模经济不变;规模报酬递减时平均成本上升,表现为规模不经济。

用规模经济去分析一些自然垄断现象固然可以,但是若将自然垄断的本质归结为规模经济则是不正确的。规模经济理论存在着一些不足。

第一,规模经济理论无法解释处于规模不经济状态下的自然垄断现象,即当平均成本上升时仍然具有自然垄断属性,规模经济理论无法给出合理解释。

第二,规模经济理论只适用于单产品分析。社会化大生产实践中,越来越多的企业是多产品联合生产，单产品显然与实际不符。

第三，规模经济理论缺乏动态分析过程。规模经济通常以技术、需求以及投入要素不变为前提，并且在这些前提下得出自然垄断的结论。显然，现实世界中这些条件时刻都在发生变化，这种不变的假设条件很难满足。

第四，规模经济理论无法回答自然垄断产业是否应该引入竞争的问题。规模经济从理论上给出了一种自然垄断形成的原因，如今自然垄断产业改革的主要目的之一是打破垄断、引入竞争，规模经济理论无法判定某个产业是否应该引入竞争，更无法解释为什么某些自然垄断产业应该引入竞争。

（2）网络经济理论分析

网络经济一般泛指一切具有网络特征的经济形态，有两种常见的经济形式，第一种为传统意义上具有实体物质网络的经济，例如，输电输水网络、天然气网络、铁路网络等；第二种为基于信息网络的经济，如互联网商务、互联网基础设施等。网络经济效益的内容包括两个方面：一是类似于规模经济的网络特征效益，二是梅特卡夫定律，即网络的价值随着参与者的增加而升高。这种观点现在看来并不完全正确，因为网络的参与者增多，会带来网络拥堵，用户体验下降，此时网络价值会相应减少。由此可见，网络经济理论还需进一步完善。

有观点认为，随着技术与需求的变化，自然垄断只是存在于具有网络特征的业务之中，比如自来水输送、铁路运输等，对于那些不具有网络特征的业务，则不具有自然垄断属性。这种观点显然值得商榷。虽然网络经济是基于网络特征来分析自然垄断，但仍然是在传统自然垄断理论的规模经济框架中，依然存在一些不足。首先，用网络经济来判定自然垄断在某些情况下并不适用，例如，只有零星几户人家的乡村，仅有的一家商店就可以满足村民的日常需求，虽不具有网络特性，但也形成了自然垄断。其次，竞争和垄断的特性也比较难判定。对于具有网络特征的产业，有的需要引入竞争，有的则需要继续保持垄断特性。归根结底，网络经济理论的缺陷源于并没有从本质上说明自然垄断形成的原因，仅仅依靠网络经济这一自然垄断的结果不足以准确判定自然垄断属性。

（3）成本次可加理论分析

基于传统规模经济理论的不足，美国经济学家鲍莫尔、潘扎、威利格以及夏基等人提出"成本次可加"的概念重新定义了自然垄断：只要一家企业生产的成本低于多家企业共同生产的成本，那么就具有成本次可加属性，即自然垄断属性。自然垄断属性可以存在于规模经济阶段，也可以存在于规模不经济阶段。这一理论的提出，否定了规模经济导致自然垄断的观点，是学术界的一大进步。

采用成本次可加理论来判定自然垄断属性，已得到国内外学者的普遍认同。与以往规模经济区间概念不同的是，成本次可加是一个严格的点概念，使得约束条件更为严格，对之前自然垄断结论进行了大胆修正：①成本次可加应是一个点概念而非区间概念；②如果企业生产多种产品，由于射线平均成本的多样性，规模经济无法判定自然垄断属性；③具有成本次可加性等同于具有自然垄断属性；④如果企业生产多种产品，单纯某条射线的规模经济与范围经济不能推导出自然垄断属性。诚然，成本次可加理论也有一些不足，例如，概念来源于数学，本身较为抽象，仅是从成本角度考虑垄断，缺少了竞争的因素等，但是作为一种理论的推进，也不失为一种可以借鉴的方法。

（4）可竞争市场理论

可竞争市场是指在进入和退出成本为零或者极低（沉没成本不存在或极低）的情况下，市场上的其他企业可以自由进入或者退出的市场。即使在位企业只有一家，由于存在潜在竞争者，在位企业一旦存在超额利润，潜在竞争者便会迅速进入市场谋取利润，直到无利可图退出市场，即"打了就跑"。这种潜在的压力会迫使在位企业提高生产效率，降低产品价格，最终出现与竞争性市场相同的社会均衡。

二、经济垄断

（一）经济垄断的内涵

由于经济不断发展，因资本积累而产生的破坏市场经济、由反垄断法规制的行为统称为经济垄断。市场经济不断发展定然会产生经济垄断，这种垄断是市场经济自然发展而逐渐变化产生的结果，经济垄断必然会带来限制竞争及损害市场主体利益的危害后果。经济垄断主体利用自身优势获取垄断利益、达到垄断目的。经济学界普遍认为，在资本主义市场经济中，资本家追求利润的最大化和对剩余价值的追逐而导致的资本集中就是经济垄断产生的根源。

追求利润是资本主义经济的原动力，同时也是资本的最终目标。在资本主义市场经济中，资本的发展必定会面临与其他资本的竞争。资本在追求利润的过程中为了维持自身在市场中的利润份额和有利地位，必然会对其他资本极力排斥。为了提高自身的竞争力，资本就必须利用自身的或者是外部的各种有利条件来扩大规模。无论是驱逐市场中其他规模较小的资本或者是蚕食其他资本，都会导致处于有利条件下的资本规模扩大,这样一来,市场中的资本就越来越集中。占据市场中有利地位的资本通过各种手段排挤对手形成对市场的独占,以集中的经济力或联合的经济力支配市场,从而有使他人成为经济从属者的可能,于是垄断产生。资本在垄断形成以后运用自身在市场中的独占地位,掌握操控市场的能力,设置各种进入市场的障碍,打压其他企图进入该市场的资本,阻挠和破坏市场竞争。从这个角度来说,垄断和竞争是以对立的姿态呈现的。

(二)经济垄断的本质

1. 经济垄断是利己者之间的合谋

经济垄断的内在动因是资本在市场中对利润的无限追逐。资本家创立资本企业的目的就是为了获取高额的利润。经济垄断既是资本不断扩张的结果,也是资本企业获取高额利润的一种手段。这些由资本企业产生的经济收入主要就是用来满足资本家自身的消费需要以及扩大企业规模的需要。

经济垄断作为大资本家获取高额利润的重要手段,在其形成和发展的过程中不但会影响到市场,也会对社会生活产生很大的影响。垄断企业会不断吞并、排挤其他同行业的企业,使大量中小企业倒闭、破产,由此就会产生大批的失业人员。并且,垄断企业为了获取利润会利用自身对市场的巨大影响力来操控市场,最典型的就是拔高垄断产品的价格,这其实也是一种间接夺取社会公众财产的行为。

无论经济垄断对市场、社会产生的是什么影响,从道德层面上来说,经济垄断有一个无法掩盖的本质:经济垄断是资本家为了追求高额利润来满足一己私欲的手段和行为。也许在某些历史阶段或者某些社会领域,经济垄断会产生积极作用或者是造福公众的作用,但是从根源上来说,经济垄断始终都是一种利己主义的行为。

2. 经济垄断是经济主体对市场权力的独占

在市场中,参与市场交易的企业,不管是处于买方还是卖方的地位,如果对商品的价格具有一定的操控能力,而且对与市场各个环节息息相关的因素有一定的影响力,那么这些力量就是市场权力,即企业改变市场价格以谋取利益及远离竞争的权力。一个企业在市场中的权力大到一定的程度,就会取得市场支配地位。市场支配地位,是指经营者在相关市场内,具有能够控制商品价格、数量或其他交易条件,或者能够阻碍其他经营者进入相关市场的能力的市场地位。

资本企业获取市场权力的来源有很多,典型的有以下几种:政府的行政性支持；科学的管理和先进的营销策略；新技术的研发和优秀产品的出现。通过这些因素不难看出，企业在获取市场权力的同时，对市场的影响力也会越来越大。所以，一个企业在获得越来越多市场权力的同时，也说明该企业在通往经济垄断的道路上越走越远。垄断企业在市场中具有同行业其他企业无可比拟的优势，因而在很大程度上具有操控市场的能力，自然包括了对商品的价格和其他与市场相关因素的影响。而在经济垄断的市场环境下，除了垄断企业以外的其他中小企业，要生存下去都极为困难，自然谈不上具有市场权力。

3. 经济垄断是对其他主体利益的侵害

垄断企业在市场中独占了市场权力，这是对市场中其他经济主体利益的一种侵害。不仅如此，经济垄断同时也是垄断企业对社会上其他主体利益的一种侵害。垄断企业利用自身在市场中的优势地位，打压、排挤其他竞争对手，为了独占市场份额和获取高额利润而采取各种手段打压市场中其他企业的生存空间。

垄断企业在独占或者占有了大部分的市场权力之后，就有了操控市场中商品价格的能力，那么为了高额利润，垄断企业必定会想方设法给自己的商品规定一个高于商品本身价值的价格，消费者因为自身消费需求被迫接受这种虚高的价格，这就是一种对消费者利益的侵害。

（三）经济垄断的组织形式

在第一次工业革命以后，资本主义经济迅速发展，市场上各种产品的生产经营者如雨后春笋一般出现。市场中影响力较大的一些企业为了控制产品的产量，进而控制产品的价格，获取高额利润，与其他生产同类产品的企业联合起来签订一系列关于销售市场份额的瓜分、产品产量、产品价格等协议，通过这种协议组成的企业联合体，被称为卡特尔。

卡特尔组织中，企业还是具有其独立的法人资格，在生产、商业、法律上保持自身独立性，生产和销售环节都是由企业自己控制，独立性较强。当组织中某个企业在违反协议的情况下还能获得更高的利润时，该卡特尔组织的协议就不具有很强的约束性了。所以，卡特尔是一种较为松散的经济垄断组织形式。

脱胎于松散的卡特尔组织，辛迪加是一种在卡特尔组织上发展起来的更为稳固的经济垄断组织形式。在辛迪加组织中，企业虽然仍然保持了生产上和法律上的独立性，但是在商业上已经完全被组织的高层所控制。辛迪加组织是生产同类产品的少数大企业通过签订统一的销售商品和采购原料的协议联合起来的。在销售商品和采购原料环节,组织中的单个企业是没有自主权的。参加辛迪加的企业推选出代表组成总办事处,而这些销售和采购环节就是通过这个总办事处统一处理的。另外,由于在销售和采购环节没有自主性,单独的企业与市场之间是脱节的。正是因为这一点,辛迪加中的企业不能随意脱离组织,除非企业愿意在脱离组织之后耗费大量的资金去重新建立销售网络以及打通与市场的联系。从这个角度来说,辛迪加是比卡特尔更加稳定的经济垄断组织形式。

为了能更大限度获取市场上的利润,资本企业开始谋求更为稳固、影响力更大的经济垄断组织形式。托拉斯是18世纪末在美国最先出现的,欧洲则是第一次世界大战之后开始出现这种垄断组织。在托拉斯组织中,参加的企业完全失去了自身的独立自主性,不管是在生产、法律还是商业上,都由组织控制。

事实上,托拉斯组织是把同一生产部门的所有企业联合起来,合并成一个超大的企业,对外只有一个声音,托拉斯就是这个生产部门唯一的法人代表,而参加托拉斯的企业按其自身规模大小拥有托拉斯的股权。在这种组织形式下,垄断组织不管是从内部还是外部,都变得更加牢固。托拉斯组织对内部的企业具有高度的影响力和约束力,因此对于外部市场的调控能力更强,压低采购原料的成本、抬高商品价格这些手段实施起来变得更加顺畅。

三、行政垄断

行政垄断指行政机关滥用行政权力排除、限制竞争的行为。行政垄断会损害市场的公平竞争机制,甚至为权力寻租提供土壤。因此,反行政垄断是我国竞争政策中的基本内容。

(一)行政垄断的概念

何为行政垄断,相关法律法规介绍了六种具体的情形,但是我国的法律法规中并没有行政垄断的明确概念。"垄断"一词一般出现在经济领域,是指某一行业的一方控制了该行业,其带来的结果就是限制了自由竞争。而"行政"则是行政领域的词汇,不过行政与垄断并不是完全无关的,因为管理经济秩序也是行政机构的一个职能,例如,企业登记、行业标准的制定往往会需要行政机构的干预,当行政机构的行为限制了自由竞争时,就会出现垄断的现象,所以产生"行政垄断"一词。行政垄断的概念在学理上有不同的观点,漆多俊认为,行政垄断是指地方政府、政府经济主管部门或其他政府职能部门或是具有某些政府职能的其他组织,凭借行政权力排除、限制或妨碍市场竞争的行为。郭宗杰认为行政垄断是行政主体没有法律、行政法规依据,利用行政权力采取的限制市场正常竞争的行为。

"行政垄断"一词是由两个词语组成,即"行政"和"垄断",其中,将"行政"一词当作名词时指行政主体的内部管理活动,当作形容词时指行政主体行使国家赋予的权力。"行政垄断"一词的重心在于"垄断",作为竞争的对立面,垄断主要表现为特定主体采用各种途径以及手段限制竞争或者排除竞争,以达到在某一市场或者行业占据垄断地位的行为。行政垄断只有在处于经济转型时期的国家及少数市场经济国家中存在。

我国学者魏剑于1898年发布的《试论我国的反垄断立法》是"行政垄断"一词第一次以法学概念的形式出现在大众面前。

(二)行政垄断的特点

1. 行政垄断实施主体存在独特性

实施行政垄断的主体并不是在市场上占据活跃地位的营利企业,而是另一只看不见的手——行政机关,这些行政机关基于法律的赋予,具有管理市场的职能,当然还有一些被授予相关管理职能的其他组织。所以从这个角度来看,实施行政垄断的主体需要具有行政管理的职能,在市场上以营利为目的而参与经济活动的企业等法人组织并不能成为实施行政垄断的主体。能够实施行政垄断的主体也因此具有独特性,其作为公法人,具有与其他的行政机关一样的社会管理职能;与此同时,其又参与市场经济活动,是市场的一部分。

(1)行政垄断的实施主体

通过我国现行《反垄断法》第5章中第32条至37条的规定,对行政垄断主体的概念进行界定,首先要区别行政垄断主体与行政主体两者之间的概念是否一致。通过对行政垄断案例的总结,本书认为行政垄断主体一般包括地方政府及部门、派出机构、法律法规授权的组织,行政主体则包括行政机关、派出机构以及被授权组织。可见,这两者的范围以及内涵都是一致的。另外,通过《反垄断法》第8条的规定可以看出,经授权的主体包括事业单位、社会团体和其他组织。例如,通过《中华人民共和国体育法》第29条的规定,足协经过法律的授权取得了登记管理运动员的权力,经过该条法律规定后,所有的足球运动员在比赛前进行的登记事项都由足协统一办理。由此可见,足协通过法律法规授权的方式拥有了行政权力。就被委托的主体来说,如果被委托主体在被委托范围内行使了行政权力,即便造成了行政垄断也不承担任何责任。因为社会组织即便被行政机关委托行使了职权,也不代表就成了行政垄断主体,进行委托的行政机关依然是行政垄断的实施主体。

(2)行政垄断的获益主体

行政垄断获益主体包括行政主体在实施垄断行为时明确"指向"的获益市场主体,《反垄断法》第32条以及第36条中规定的就是这种类型。在实践操作中,获益主体往往指向的是一些具有利益联系的企业,例如,在北京防伪企业状告国家市场监督管理总局一案中,中信国检信息技术有限公司就是获益的市场主体。获益主体与受损主体的关系可以界定为一种侵权的关系,受损主体的财产权、人身权可能会受到获益主体的损害,并且可以肯定的一点是获益主体与行政主体之间存在着意思联络。

获益的主体也包括没有完全"指向"的市场主体,在《反垄断法》第33条到第35条中规定了这类获益主体。例如,行政主体通过规范性文件实施行政垄断行为,限制外地商品以及服务业的公平竞争行为,进行地方保护,但行政主体的这类行为并没有具体指向某一个市场主体。与"指向"型市场主体相比,这类获益主体与行政主体之间没有意思联络,但在责任的承担方面获益主体同样应当返还"不当得利"的部分,因为其获得的利益在法律上并没有依据,并且造成了他人的损失。

2. 行政垄断具有较强的隐蔽性

因为行政机关并不是直接参与市场经济活动的主体,而是通过一些上层的决策来影响,并且行政机关的决策是其自身随着经济社会的发展随时做出的,社会公众不能及时参与其中,所以行政垄断并不是完全被公众所知。

3. 行政垄断具有严重的危害性

行政垄断直接的危害是侵害了市场经济的自由竞争。自由竞争通过弱肉强食的机制,会将符合市场需求的企业留存下来,并逐渐做大做强,从而在它的领域内独占大部分市场,最终也可能会形成垄断。行政垄断也是一种垄断,但是与上述的垄断不同的是其直接由政府干预市场形成,并没有一个竞争或者是优胜劣汰的过程,最终形成的企业可能并不符合市场发展的规律,而且因为行政垄断具有强制性,所以其他的市场主体只能被动地接受。这种垄断对于经济有直接的危害,对政治上也具有危害,这种危害体现在"钱权交易"与阻碍社会改革等方面。

（1）破坏市场秩序

市场的竞争本身需要政府利用行政手段加以辅助，但行政权力的介入也需要有个限度，过度的干预只会加快行政垄断产生的步伐，导致公正的市场竞争秩序被破坏。行政垄断中行政机关按照自己的意志做出的决策，使市场份额被不合理地分割，以某一地区或者某一部门利益为出发点，人为割裂市场，剥夺其他主体公平竞争的机会，形成封闭、孤立的竞争市场。受到行政保护的企业反而会因失去竞争的压力而失去创新的动力，造成低效率的运作管理和市场资源的极大浪费。同时，商品在市场中的流通受到严重阻碍，排除和限制竞争，忽视市场的调节作用，从根本上扭曲了市场竞争的本质特征。市场的进步应当建立在市场自身发展的基础之上，市场经济应当是统一和开放的，应当由市场自身的发展调节价格和供给的需求，若市场中的个体由于行政垄断的强制力无法发挥其相应的作用，就会阻碍全国市场的统一。行政垄断对市场秩序的损害可见一斑。

（2）损害了消费者的合法权益

行政垄断严重侵犯了消费者在市场经济中的选择权，剥夺了消费者选择交易对象和自由选择服务这一重要的权利。由于行政垄断造成的危害结果之一就是形成封闭的区域市场，导致本地经营者长期生活在由行政主体划拨的"舒适圈"中，过度的优惠和保护使得经营者失去了原本的竞争压力，故而使经营者丧失了创新和竞争的动力，产生不思进取的思想，削弱了被保护企业的创新力和竞争力。某些企业在行政机关"庇护"下使自己生产的产品或提供服务的价格居高不下，迫使消费者选择高价产品、有瑕疵的服务和伪劣产品，对消费者应有的权益造成了极大的损害。同时，受到行政垄断"庇护"的行业造成的市场资源的浪费，以及对社会造成的大量资源的损失最终也会转嫁到消费者身上。

（3）容易滋生行政腐败

行政垄断主体中的政府部门在干预经济的过程中，容易产生权力寻租现象。尽管腐败问题的根源在于公共权力行使者自身思想与道德等因素，但行政垄断现象的存在确实加剧了腐败问题的产生。由于行政主体的行政垄断行为能够为企业带来巨大的利益，所以企业会通过贿赂的方式影响行政性文件的执行和制定，以及行政主体的决策。腐败对于一个国家的危害不言而喻，事实上，行政垄断与腐败在多数情况下是紧密相连的。有些企业为了占领市场、排挤其他竞争者，对行政主体行贿、进行权钱交易等，在造成行政腐败的同时，也会大大降低政府的公信力，更会使行政主体变成巨大的私人利益集团，影响政府工作的有效开展，降低行政主体在人民心中的可信度。

4. 行政垄断具有偏向的保护性

作为我国体制改革和市场经济发展的主要妨碍因素之一，行政垄断对市场竞争造成的损害远甚于经济垄断。虽然早在1980年我国就颁布了《国务院关于开展和保护社会主义竞争的暂行规定》开始关注行政垄断问题，但因涉及政府职能转换、政府与市场之间的边界、经济和政治体制改革等一系列深层次的因素，我国国有企业的行政垄断问题依然突出，具有复杂性和特殊性。当前我国行政垄断在地区封锁（地方保护主义）、部门垄断、强制交易和强制联合限制竞争等方面均有体现。

首先，受计划经济体制历史原因的影响，政府不合理干预经济的现象仍然存在，政府弥补市场失灵之手往往异化成了"闲不住的手"和"管不住的手"，加之部门、行业利益错综复杂，在某些方面使得政府成为过度保护国有企业、破坏市场竞争秩序的始作俑者，甚至成为规制其垄断行为的合法"保护伞"，例如，2014年H省交通运输厅、物价局、财政厅公然违反《反垄断法》，对本省和外省的客运班车实行歧视性通行费优惠政策，变相提升本省客运班车的市场竞争力，严重破坏了当地客运市场的运行秩序。

其次，行政机关的产业政策和财税政策没有与竞争法实现良好的衔接，甚至在一些层面产生冲突，使得垄断性国有企业成为"合法品"，产业政策、专营专卖和市场准入等合理措施转化成垄断行为的维护者。例如，在"做优做大做强国有企业"的产业政策下，B集团与W集团实施联合重组，形成中国A集团有限公司，依照《反垄断法》关于经营者集中申报办法，上述合并行为已经满足申报条件中有关营业金额的规定，当未明确豁免时，该合并行为理应受到反垄断审查，此时需要明确政府强制联合行为对市场竞争产生的影响，实现与竞争政策的协调。

在我国，自然垄断企业和公用事业领域的国有企业受本行业主管机关影响较大，二者往往有着共同的利益取向，一起维护着本行业的利益，使得主管机关在履行相应监管职责时不可避免会自然充当起"保护伞"的角色。

（三）行政垄断的成因

行政垄断的形成并不是只有一个原因，其形成综合了我国社会发展中的各种因素。

1. 经济利益产生的驱动

行政机关实施行政垄断的目的就是获得经济利益，行政机关可能为了保护地方的企业而实施行政垄断。我国目前的政绩依然主要以各地的 GDP（国内生产总值）为基本的衡量标准，故而为了促进本地 GDP 的增长，各地的政府都倾向于在本地设置有利于本地企业发展的政策条件。例如，设置不合理的准入门槛、针对外来企业提出不合理的限制条件，甚至直接不允许外来企业进入本地的市场等。上述种种的行政垄断措施使得本地企业在市场的竞争中处于有利的地位，从而间接地促进了本地的 GDP 增长，但是这种行为侵害了整个市场自由竞争的环境。还有一些行政机关的公务人员为了自己的私利接受他人的贿赂，为某些企业实施行政垄断行为。"钱权交易"的问题至今一直是各国都存在的问题，在行政垄断中也扮演了一个重要的角色，在某些情况下企业为了自己获得更多的竞争优势，争取到更大份额的市场，选择对政府的官员进行贿赂以换取在政策上的支持。与前一种为了当地的经济利益不同的是，这种行为更具有社会的危害性。

赋予地方政府相对的独立权是十分必要的，可以使地方政府更方便了解本地居民的诉求，相较于中央政府更能够为他们提供优质的服务。在新中国成立后的前30年，整个社会只存在国家一个利益主体。社会的经济活动都是以国家为中心，这种只追求国家利益而否定地方利益的做法，反而对国家利益的增长不利。

党的第十一届三中全会后，中央政府的态度发生转变，逐渐认为地方利益有存在的价值，由此行政性利益集团初步形成。行政性利益集团形成后，各级地方政府的主动性有了显著提高，地方经济也取得了长足的进步。但此时，上级政府会将行政性利益集团的经济效益与行政主体内部人员的绩效考核标准进行"绑定"。在这种情况下，行政性利益集团承担了更重的责任，行政主体内部人员会产生逐利心理，这种逐利心理正是行政垄断形成的前提条件。

2. 经济体制转变不彻底

从制度层面上讲，我国目前的经济制度改革并不十分彻底，这是我国产生行政垄断的根本原因。地方政府能够制定符合当地特色的规章制度，以便促进各地经济的发展。但同时，一些地方政府为了能够保护地方产业，获得更多的税收等，开始使用行政手段干预市场经济。因为行政垄断具有强制性与隐蔽性等特点，其实施的条件比一般的企业通过竞争而获得垄断地位更加直接和方便。随着政府逐渐将管理的范围扩展到社会的各方各面，实施行政垄断之后的危害会越来越大，但是由于我国目前依然处于社会主义初级阶段，并没有建立完善的经济体制。没有完善的经济体制与思想观念上的不正确导致了部分经济公权力的滥用，产生了行政垄断，这种行政垄断严重限制了经济社会的发展。

3. 政府的不当干预行为

行政垄断是政府不当干预经济造成的，我国的行政主体往往是通过直接参与市场运行的方式影响经济市场的正常秩序，从而为形成行政垄断，造成排除、限制竞争的不利后果提供了基础和条件。

由于我国社会主义市场经济体制的不健全，导致国有企业在市场主体中占据相当大的支配力。并且，各级政府的财政统一由中央政府拨款，如果政府部门在无法满足日常行政事务的开销以及其他活动的经费需要时，必然导致政府滥用职权，产生政府通过行政垄断去排除市场竞争获取高额利润的现象。

政府干预经济也要有合理干预和过度干预之分。可以说，政府掌握着国家的经济命脉，而这种权力如果缺乏法律监管会是造成行政垄断的直接原因。

4. 现有法律制度不健全

目前有关行政垄断的相关法律概念等存在许多的争议，这也导致了针对行政垄断行为的规制不完善。虽然我国分别在1980年、1984年、2001年出台了有关规范行政垄断的法律法规，但是这些法律法规因为受限于当时的社会经济条件与人们的思想观念，使得上述的法律法规针对行政垄断的行为都存在内容不全、难以实践等问题。

同时，随着经济社会的发展，过去可以适用的法律法规开始难以满足当下经济环境的要求。新时代下也出现了一些之前并没有遇到的有关行政垄断的新问题，这些新问题也难以在之前的法律法规中寻找到相应的规范条文。法律作为规范人们日常活动的行为准则，如果缺少某方面的规范必然会导致危害社会行为的产生与发展，行政垄断亦是这样。

在《反垄断法》公布之前，我国也出台过涉及禁止地区垄断、部门垄断的相关文件，但这些文件大多为原则性规定。同时，因为立法主体的层级低、权威性不够和内容松散等因素未能引起足够重视。

在《价格法》《反不正当竞争法》中对于行政垄断的规定也都没有形成完整的体系，在内容规定上太过单薄，不具有全面性和可行性。以上问题都在行政垄断规制执行过程中造成了困难，由于立法层面的不足，可能会出现执行者也是施行者的情况发生，更是助长了行政垄断的形成。

（四）行政垄断的危害

1. 破坏了市场的自由竞争环境

相对于一些企业在自由竞争之后通过优胜劣汰所形成的垄断，行政垄断则是与自由竞争相对立的，其并不是自由竞争的产物，是行政机关直接依照自己的意志做出的决策，是一种排除与限制竞争的行为。通过这种行为，市场份额被不合理地分割，各地之间自由的商品流通被公法人通过行政手段不合理地阻断。

公平平等的市场竞争秩序能够实现资源自由高效流动和配置，释放经济主体活力，最大限度地激发市场主体的创造力，同时又反过来促进公平平等的市场竞争秩序的完善，激发市场主体的积极性，提升社会效率，推动经济进一步发展，形成更加公平有序的市场环境。不过，市场经济存在信息不对称等问题，需要政府运用综合手段对其进行辅助调解，以使其顺利运行。但是政府干预市场经济要有一定的限度，行政权力必须在合法合理的范围内行使，如果行政权力的使用超越合法合理的限度很可能会导致行政垄断，行政垄断的加剧又会使得经济市场被分割成一个个块状势力。公平自由的市场竞争秩序遭到破坏，资源要素不能按照市场的自然规律有效流动和配置，通过行政垄断获得优势地位的企业被划入安逸区内，很少甚至已经不会体验到市场竞争带来的压力，也就失去了改进技术、提高生产率的积极性；同时，这些企业利用行政垄断形成的强大力量对其他市场主体排挤打压，严重破坏了市场的自由竞争竞争环境。

2. 损害了其他市场经济主体的自由

垄断本身就是一种限制自由的行为，当行政机关实施行政垄断行为时则是通过行政手段直接限制了市场中其他经济主体的自由。

一方面，作为经营者的企业被限制了经营的自由，企业不能与被行政垄断保护的企业平等地参与市场竞争，争夺市场份额，其商品可能被禁止进入某地的市场，或者相对于被保护企业有着更为严苛的进入条件，抑或是被保护企业的商品能够获得行政机关额外的经济补助等。

另一方面，消费者选择商品或者服务的自由权利也被侵害。由于能够进入某地市场的，或者占市场主要份额的商品是被保护企业的特定商品，消费者只能被迫从这些商品中做出选择，而这些商品相比其他企业的商品可能有着更高的价格，或者较差的质量。行政机关实施某些强制行政行为时，因为这些行政行为本身具有的强制性、危害性等特点，不可避免地导致其可能侵害其他市场经济的主体，这种侵害是一种违法侵权行为。

3. 降低了经济效率

虽然有时候某些地方政府实施行政垄断行为是为了促进本地企业的发展，提高其运营效率，但是从整个社会的经济市场层面讲，行政垄断降低了经济运行的效率，比如行政垄断阻碍了商品的流通。同时从实施行政垄断行为的主体层面看，行政机关与企业不同，行政机关并不是以营利为目的，能够直接产生经济效益并不是这些非营利法人的直接目的，与此同时，行政机关的管理人员为了减轻因行政行为造成损失而要承担的责任，也不会将经济效率放在首要的位置，而是追求其他的目的，所以，行政垄断会降低经济效率。

行政垄断破坏经济市场机制的正常运行，而经济市场的核心价值在于竞争，行政机关和其他授权组织使用行政权力不合理排除、限制竞争，破坏公平自由的竞争秩序，使得竞争失去活力。行政垄断人为的设置了壁垒，造成市场主体竞争约束条件的不一致，优胜劣汰的市场规则被破坏，科技创新的积极性下降，社会的整体竞争力降低。行政垄断不合理限制竞争，破坏公平有序的市场竞争环境，人为设置贸易壁垒，提高或压低价格，阻碍商品和要素的自由流通和交换，使得价格信号不能真实地反映市场供求关系，各种市场资源无法遵循经济市场规律自由高效配置，造成资源配置效率低下。人为对企业进行资源封锁使得一定规模企业因缺乏某些生产要素而无法高效利用生产设备，造成资源浪费，而借助行政垄断占据优势地位的企业只凭其垄断地位就可以获得巨额利润，因此与其他企业相比，垄断企业产生生产和经营等方面的惰性，缺乏竞争意识，丧失改进技术和提高生产效率的积极性，导致生产成本的提高，生产效率的下降，最终降低社会经济效率。

4. 滋生了行政腐败

行政垄断常常表现为个别政府官员直接收受企业贿赂，或者通过其他方式从企业获利而不合理排除、限制竞争，使行贿企业获得更大利益。某些企业为获得优势地位，排斥、打压其他市场主体与自己竞争，通过贿赂寻求政治权力庇护，谋取高额经济利润。行政垄断背后充斥着官商勾结、钱权交易的黑幕，如果放任其继续蔓延，将造成严重的政治腐败现象。政治腐败造成的巨大经济损失中，行政垄断占据了重要地位。党的十八大以来，党中央坚持高压态势反腐败，查办了一批腐败分子，其中有一部分人利用行政垄断谋取高额利润，造成国家和社会的巨大经济损失，这也是行政垄断导致官商勾结、滋生政治腐败的有力证明。

（五）行政垄断的表现形式

1. 地区封锁

我国幅员辽阔，地区封锁对于我国的危害十分重大。地区封锁是行政垄断主体滥用行政权力，限制各地市场商品之间的互相流通，是行政垄断最为严重的一种形态。

首先，限制外来商品在本地市场之中的流通，比如限定他人只能购买、经营本地商品，设置关卡限制外来商品入内，在招投标过程中对外地企业设立不同的资质要求等；其次，在限制本地商品的流出环节中，主要是对向外地运出本地原材料这一行为进行限制。总之，地区封锁的主要目的是通过降低外地经营者带来的压力来保护本地经营者的利益。

对一个统一的国家而言，实现商品、服务的流通自由是十分重要的，地区封锁对国家的经济发展会产生重大阻碍。地区封锁这一行为尽管短期内对当地的经营主体会产生有效的帮助。但从长远来看，则丧失了外部的竞争压力，经营者处于"安乐"状态而丧失对于生产技术的提升、对于服务质量的改善动力，进而丧失商品和服务的市场竞争力。与此同时，企业的扩大经营大多需要跨地区、跨区域的合作，地区封锁的行为会对这些合作造成严重的阻碍。

2. 部门垄断

部门垄断是指行政主体通过滥用行政权力限制其他市场主体在经济社会中自由交易的权利，从而达到保护本部门利益的目的。S市真诚公交车案是典型的部门垄断案件，由该案例分析可得，部门垄断的表现形式有以下两种。

第一，部门分割。这种形式常见于改革开放初期，由于当时国家是根据相关行业对口而设置行政机关的，"政企不分"的情况大量出现，不可避免地出现部门分割的现象。

第二，垄断性定价。部门垄断最基本的形式就是垄断性定价，这种垄断状态大多发生在对市场商品可以定价的行政部门。为防止自然垄断行业凭借自身优势占据垄断地位，价格法就此规定"定价听证制度"，规定对于公益性服务价格、公用事业价格等涉及政府对价格进行监管的情况，需由政府价格主管部门举行听证会议或履行对应的听证程序，如果未按照规定的听证程序就进行定价，就会被称为垄断性定价。

3. 强制交易

强制交易是指行政主体强迫企业以特定条件出售产品或服务，限制他人自由选择商品的权利或者剥夺经营者选择经营模式的权利，总之就是行政主体影响市场主体在社会经济中正常活动的行为。强制交易由两部分构成。

第一部分，要存在强制交易这一基本事实，既包括直接交易也包括间接交易。强制交易的类型主要有强制购买、限制交易等。在具体实践中，行政机关在一定条件下给某些市场主体的优惠政策也会变成强制交易。例如，F镇因为盛产桃子需要大量的纸箱，而该镇某拥有减收特产税权力的行政机关规定，凡是购买该行政机关指定的纸箱店制造的纸箱即可以享受1吨桃子减税44元的优惠政策，该案例所反映的是一种间接的强制交易行为。

第二部分，强制交易要具有影响其他市场主体公平竞争的实施目的。行政机关对于市场主体有着强大的影响，会对市场竞争产生直接的干预。一些行政机关为了实现自己的利益目的可能会乘人之危、威逼利诱，最终在市场环境中违背经营者和消费者的意志。强制交易的行为与行政机关腐败行为联系密切，所以，强制交易是更为严重的行政垄断表现形式，直接体现了行政机关对于市场的干预。

第三节　新时期反垄断目标模式的影响因素

一、反垄断目标更替的推动因素

（一）经济形态和产业特征的变化

在经济发展的不同阶段，竞争会以不同的形态出现，而竞争形态的变化也会改变人们对反垄断目标的认识。竞争不仅是竞争者之间单纯的价格竞争，在很大程度上也是各种生产能力和服务方式的竞争。在农业经济时代和工业经济时代的初期，市场竞争的主要形式是价格的竞争。特别是在产品同质化比较严重的产业，价格竞争一直深受商品生产者、经营者重视。在价格竞争阶段，人们更为关注的是保持良好的竞争秩序和经济自由。因此，在这一阶段维护竞争秩序和经济自由是重要的反垄断目标。随着工业经济的逐步发展，除了价格竞争，产品质量竞争越来越受到人们重视。当工业经济发展到一定程度，特别是人类步入知识经济时代之后,竞争的形式已经越来越多样化,虽然价格竞争和质量竞争仍然存在,但更激烈的竞争来自研发竞争、广告竞争、服务竞争等新的竞争形式。在研发竞争下,由于各种市场结构的复杂性,人们可能更关注最终的社会福利,促进经济效率,特别是动态效率(或称革新效率)就成为重要的反垄断目标。由此可见,随着经济形态的变化,反垄断目标也随之发生了变化。

(二)规制垄断与培育市场之间的冲突

规制垄断行为以保护市场公平竞争是我国反垄断法的基本价值目标。但是,由于我国的反垄断制度是建立在不成熟的市场经济基础之上的,因而其兼负培育市场的功能。一方面要规制垄断,另一方面要培育市场,这两者本身就是一对冲突和矛盾。其主要表现在以下两个方面。

第一,市场尚未发育成熟,何来经济垄断可反?秉承了西方国家的立法,规制垄断协议、滥用市场支配地位、经营者集中等经济垄断是我国反垄断法的重点。然而,我国的市场是一个尚未发育成熟的市场。市场主体发育不充分、市场体系和市场规则不健全,这就决定了转轨时期我国的经济尽管在效率方面有了明显的改善,但企业普遍缺乏规模、垄断力不够,缺乏与国际资本大鳄进行竞争的能力。即使在一些主要靠市场竞争成长起来的领域,市场份额相对集中的行业,如冰箱、彩电、空调、计算机、饲料和饮料等行业,也没有达到垄断的程度。这样看来,我国反垄断法似乎没有规制经济垄断的必要,不然的话,发育壮大市场又从何谈起呢?

第二,反垄断法仅仅对行政垄断做了宣示性的规定,市场究竟如何培育?我国市场上是缺乏经济垄断,但不缺乏垄断。我国市场上的主要垄断是体现在电信、电力、航空、铁路、石油、金融、烟草等行政垄断上。这些行政垄断形成了各种市场壁垒,严重扭曲了市场机制,规制行政垄断对培育市场有着重要作用。我国反垄断法对行政垄断做了规定,这也是一大特色。然而,我国反垄断法将制裁行政主体垄断的权力交给了"上级机关",而非反垄断执法机构或司法机关。鉴于行政机关内部千丝万缕的利益关系,反垄断法对行政垄断的规制更多体现的还是宣示的意义。这一方面体现了行政垄断的特殊性,另一方面也反映了规制垄断本身与培育市场之间有着某种内在的冲突。

(三)经济集中与公平竞争之间的冲突

提高经济运行效率是我国反垄断法的一个重要价值目标,但垄断也存在提高经济运行效率的可能性。这主要体现在如下几方面:一是规模经济,企业的规模越大，采购和销售成本就越低，也就相应提高了企业经济效益；二是范围经济，企业进行多样化的产品组合，其成本低于单独生产或提供各个产品的成本之总和；三是技术创新，许多调查结果显示，大企业的技术创新活动多于中小企业，大企业担心竞争对手模仿并进一步创新，使其技术优势消失，因而技术创新活动会由于竞争前景的威胁而持续进行。鉴于日趋激烈的国际竞争形势，一个产业要具有国际竞争力必须走经济集中道路，而这必然会对公平竞争产生冲击。

根据我国反垄断法规定，其价值目标不仅在于提高经济运行效率，还在于维护消费者利益和社会公共利益，促进社会公平的实现。经济集中可能会提高经济运行效率，但也可能限制消费者的选择权而侵害消费者的利益，或者使得大企业利用其市场优势地位控制材料的采购与产品的销售渠道而损害中小企业的利益。

反垄断目标更替的内在机制告诉我们，要使反垄断法发挥更大的作用和影响力，其目标体系必须与当前经济发展特征相吻合，与当前政治体制相适应，并且要得到当今经济学理论体系的有力支持。如果我们执行的反垄断目标违背了这样一些原则，忽视了当前的经济、政治形势和经济学理论的发展，势必会将反垄断法置于危险的境地，轻则影响反垄断法的执法效果，重则与反垄断立法的初衷背道而驰，损害经济运行的效率和社会福利。

二、影响反垄断目标模式的因素

（一）从基本的经济制度看

中国实行以公有制为主体、多种所有制经济共同发展的所有制结构。其中，国有经济是公有制经济的重要组成部分，是国民经济的领导力量，国有企业是重要的市场竞争主体，反垄断目标模式的建立必须对此有所考虑。事实上，《反垄断法》第7条对"国有经济占控制地位的、关系国民经济命脉和国家安全的行业，以及依法实行专营专卖的行业"进行了专门的规定。随着国有企业改革向纵深推进，国有企业重组、垄断性行业中国有企业的改革已经成为国企改革的重要方面，因此，设立反垄断政策的目标也需要考虑中国的经济所有制形式，避免与国有企业改革的方向产生冲突。

（二）从经济体制看

中国正处于完善社会主义市场经济体制的阶段，社会主义市场经济体制已经初步建立，但地方保护主义、市场分割等现象仍然存在，行政垄断的问题仍然严重，给整个社会带来了较为严重的福利损失。因此，要进一步促进市场竞争，必须彻底破除地方保护主义，打破对特定行业的保护。《反垄断法》第5章对"滥用行政权力排除、限制竞争"的行为进行了专门的规定。因此，行政垄断也是在确立反垄断目标时应重点考虑的问题。

（三）从法律和制度环境看

以宪法为核心的中国特色社会主义法律体系基本形成，完善的社会保障体系正在逐步形成。特别是在保护消费者、促进中小企业发展、维护社会公平方面都有专门的法律出台，目前已经通过的相关法律包括《中华人民共和国中小企业促进法》《中华人民共和国消费者权益保护法》（以下简称《消费者权益保护法》）《反不正当竞争法》《价格法》等。社会保障体系方面，职工基本养老保险制度、社会救助制度等正在不断完善，医疗保险制度改革正在积极推进。因此，关于保护消费者和保护中小企业等已经有了一定的法律保障。在确立反垄断目标时也要对不同法律的管辖范围有所考虑，不能把所有的经济社会目标全部纳入反垄断法的目标体系中来。

（四）从经济发展的阶段和近期经济形势看

中国目前正处于工业化的中后期，经过四十多年的改革开放，中国经济社会的发展取得了巨大成就，人民生活水平大幅提高，但发展中不平衡、不协调、不可持续的问题仍然存在。在新的形势下，要切实改善民生，就必须充分发挥竞争机制的作用，保护消费者福利，避免垄断企业利用市场势力侵害消费者权益。要把经济建设转移到依靠科技进步的轨道上来，就必须形成更有活力、竞争更为充分的市场结构，将提升革新效率作为反垄断的重要目标。

第四节　反垄断问题的特殊性

一、反垄断法规制对象的特殊性

结构主义与行为主义，是规制垄断过程中逐步形成的两种路径。它们形成于规制滥用市场支配地位行为的路径，后来演变成为规制整个垄断现象的路径。市场结构是分析、判断经营者市场行为的基础，而市场行为则是包含价格行为、非价格行为，以及组织调整等行为在内的各种市场竞争行为的总称。

关于垄断结构和垄断行为何者才是反垄断法的规制对象的问题，学界曾爆发过异常激烈的讨论，形成过垄断结构说、垄断行为说和垄断结构与行为的折中说三种观点。后来经过不断发展与演进，当前通说认为反垄断法的兴起和发展阶段属结构主义，反垄断法在世界范围内的演进趋势是抛弃结构主义，改用行为主义。

以反垄断理论发展最为成熟的美国为例，在制定反垄断法时，美国正处于自由资本主义向垄断资本主义过渡的阶段，此时其国内出现了大量严重损害市场竞争秩序的垄断组织。为了有效对之加以规制，恢复市场的有序竞争，美国在其反垄断法中采用了结构主义标准，只要待处罚的企业在市场中具备垄断地位就可适用反垄断法，且在必要时可进行企业拆分。结构主义简化了认定的标准和流程，具有易于操作和执行的优点，该理论在哈佛学派下达到顶峰。从20世纪70年代起，美国反垄断法开始受到芝加哥学派"市场行为或绩效决定市场结构"理论的影响，它们主张宽松的反垄断政策，号召将适用反垄断法的认定标准从竞争主体的市场结构转移到市场行为上，在认定企业是否违反反垄断法时，主张综合考虑包括受影响人、市场地位、经济实力、行为目的等具体事实和实施效果，而并不以垄断结构作为唯一标准。在此学说影响下，美国司法界改变了以往严格执行垄断结构的判决标准，开始向垄断行为标准的方向转变，一些具有垄断地位但并未实施损害竞争行为的大型企业得以幸存，例如，从20世纪末延伸至21世纪初的"微软垄断案"并未导致微软公司面临被拆分的命运。

从当今世界各国的反垄断立法和司法实践来看，垄断行为为主的立法司法模式确已成为主流。德国《反限制竞争法》在第1章中就使用了"限制竞争行为"的表述，无论是第1章的"限制竞争的协议、决议及协同行为"还是第2章中的"市场支配限制竞争的行为"，以及第7章的"合并控制"均聚焦于"限制竞争的行为效果"；此外，其第5章第130条第2款所做的"本法适用于一切在本法适用范围内产生影响的限制竞争行为"的规定直接佐证了德国反垄断法的垄断行为的规制取向。即使是在以"垄断结构"为立法代表的日本和美国等国，其国内的司法实践也在向"垄断行为"的认定标准靠拢。在日本，虽然其《禁止垄断法》对垄断状态规制的条件十分严格，但日本至今仍无一企业因达到垄断状态而被裁定拆解，所以有人将其戏称为"日本反垄断法上的装饰品"。

我国的反垄断法同样也具有"垄断行为"的立法取向，例如，《反垄断法》

第 1 条就明确表达了反垄断法"预防和制止垄断行为"的立法目的；第 2 条也规定了"垄断行为"在我国反垄断法上的适用性；第 6 条则间接说明了拥有市场支配地位的经营者并不违法（垄断结构），但不得滥用其地位排除和限制竞争（垄断行为）。众所周知，经济基础决定上层建筑，反垄断法规制对象的转向表明了当今世界经济发展的新变化以及"垄断行为"作为反垄断法的规制对象所具有的巨大经济价值。20 世纪 70 年代发生的石油经济危机促使各主要资本主义国家和经济学界开始反思自第二次世界大战以来"国家干预主义"的合理性与正当性。为重新激发市场活力，以英美为首的西方各国在经济政策上实施了"放松管制运动"。与此同时，我国自党的十一届三中全会以来实行了对内改革和对外开放战略，社会主义市场经济体制得以逐步确立，竞争机制受到重视并在经济生活中发挥着重要作用。

摆脱政府强制干预的市场竞争得以被释放，充分的竞争自由则调动了市场积极性，也催生了众多的具有市场支配力的大型公司。然而，这些垄断公司并未因它们的垄断地位而导致市场竞争秩序受损，相反，它们依托其自身强大的人力、资金、科技等优势，迅速带动了整个国家经济的发展，也极大提升了人们的生活水平。在此背景下，垄断结构不再被视为市场的负面因素，学界也逐渐认识到一定的垄断优势更有利于促进经济的发展和社会的进步，这迎合了当今世界鼓励创新、追求规模经济效率和发展知识经济的需求。

总而言之，从反垄断法规制的立法实践和理论演进来看，其在世界范围内的主要规制对象逐渐趋同，即无论是反垄断历史悠久的国家还是制度尚未发育成熟的国家，垄断行为均已逐渐成为各国反垄断制度规制的主要对象。

二、垄断行为界定的特殊性

对于垄断行为的定义，世界各国学术界有不同的见解。总的来看，世界各国的反垄断法所规制或禁止的各种垄断行为主要是各种不同类型的大型经营者利用其自身优势的市场地位，通过不同的手段来限制正常的市场竞争，从而谋取更大的利益。在经济全球化的大背景下，正常合理的市场竞争是市场经济的一个重要的激励因素。在竞争的鼓励和引导下，许多经营者可以通过改进技术和管理来提高自身的竞争力。从这个角度上看，垄断是有害的。因此，大多数国家都制定了相关法律来规制垄断行为。但是，垄断在限制竞争行为的同时，也很有可能带来正面的社会效应，促进经济增长。因此，各国制定的反垄断法在控制垄断行为时并没有绝对禁止所有类型的垄断行为。

大部分垄断行为会呈现出一种复杂性，包括垄断行为的形式和后果都具有相当的复杂性。这种形式和后果的复杂性使得反垄断规制和反垄断法对垄断行为的规定做不到和其他部门法律一样具体详细。因此，反垄断法往往无法准确无误地发挥其应有的作用。因为垄断行为的这种特殊性，使得反垄断法的具体规定会呈现出一种较为笼统并且模糊的特点。反垄断法所追求的自由、公平和效率的价值目标不仅是和谐的，而且在许多情况下是相互矛盾的。垄断的复杂性、法律规则的原则性和价值取向的多样性使得反垄断法的实施更加灵活，具有更大的弹性。由于垄断行为存在的这种复杂性，导致了一个必然的结果，即这种复杂性会使得反垄断法的局限性更加突出。反垄断法规则在总体上比较模糊。例如，经营者集中控制制度。经营者集中行为一般会导致限制相关市场的竞争的结果，不利于市场经济的发展。这也是世界各国普遍实施反垄断法来规制经营者集中这种垄断行为的根本性原因。从立法规定上看，各国反垄断法大多以经营者集中是否限制竞争为控制标准。虽然各国都规定了经营者集中控制的原则，但这些立法规定仍具有很大的灵活性。虽然有些国家将经营者集中度审查应考虑的因素纳入了反垄断立法，但在审查中并没有对许多因素的现状做出具体规定，立法中也没有明确的技术性规定。因此，在具体的反垄断案件中，反垄断执法机构会进行严格详细的竞争审查，进而确定此案件是否涉及市场竞争以及如何评估这种行为对市场竞争所造成的影响，从而做出合理的处罚决定。

在反垄断执法中，由于垄断的复杂性和反垄断执法的灵活性，执法机关有必要运用自由裁量权对案件的事实和法律规范进行解释和判断，并做出处理决定，这又决定了在反垄断执法中自由裁量权的行使要比一般行政执法弹性大得多。

反垄断法的良好实施要求依据整个社会的整体利益以及社会经济发展的客观规律和实际情况来调整适用的范围和强度，具体体现为层次性和阶段性。首先，反垄断法的价值在于制止垄断行为，维护竞争，促进市场经济发展。而这其中，消费者利益和社会公共利益是最基本的目的和价值。国家通过保护正常合理的市场竞争来促进社会经济的发展是实现以上价值的基本方法。因此，自由裁量权的行使必须符合反垄断法保护消费者利益和社会公共利益的初衷。其次，反垄断执法自由裁量权行使的阶段指的是根据社会经济发展的不同阶段，需要运用适当的自由裁量权来调节反垄断法对市场竞争的影响程度，实现竞争政策与国家政策、金融政策与其他政策有机结合。

第五节 反垄断与中国的经济发展

一、垄断对经济的危害

（一）垄断降低市场运行效率

"竞争是提高生产率的最理想手段"，竞争能为市场资源配置提供高效率已成为当前的普遍共识。波斯纳曾指出反垄断法的唯一目标应当是经济学意义上的效率。然而，竞争（垄断也是特殊的竞争）对经济效率的追求在不同的历史时期有着不同的认识。在以亚当·斯密为代表的古典自由主义时期，人们普遍认为市场作为"看不见的手"是资源配置的最优手段，政府干预最少的市场才是最佳的市场，强调自由竞争和个人利益至上，反对国家的市场干预。然而，当19世纪末20世纪初资本主义进入垄断阶段，"自由竞争、个人至上"观念下所出现的经济垄断等问题使人们清晰地认识到无约束的自由竞争并不会必然带来经济效率的提升，因为垄断一方面导致资源流动受到障碍，损害资源分配和利用的效率，另一方面也会使技术和管理的创新动力不足，最终使市场机制不能充分发挥调节作用，从而导致社会经济的整体低效。

可见，一定程度上的市场失灵和政府失灵都会产生垄断的问题，因此要有一个足以促进和保障经济效益的制度安排，其核心是正确处理政府的有效干预权与市场主体的充分自主权之间的关系。以反垄断为使命的反垄断法作为法律制度，具有约束政府权力和保障市场竞争秩序的功能，有利于市场竞争机制的充分发挥和整体经济运行效率的提升。

（二）垄断侵犯竞争弱者和消费者权益

公平是商品社会经济活动的基本准则和出发点，是所有法律所追求的永恒价值。同时，公平在不同的法律部门中有着不同的含义。

民法等传统法律所说的公平主要是指形式公平，以强调抽象意义上民事主体的机会平等和适用规则平等为核心。民法追求"个人权利本位"，只要市场主体权利与义务平等且不受歧视，即使竞争会产生不同的事实结果也应被视为是公平和合理的。因此，在民法视野下，竞争公平与否与"起跑线是否公平"密切相关，其更关注竞争过程中的公平。

而反垄断法有着不同的价值取向，虽然它并不鲜明地反对"形式公平"，却更关注竞争结果的公平，更注重推动社会整体公平的实现，是符合社会正义的公平。因为主体的不同情况可能会使结果产生实质的差异，从而影响经济的整体运行和损害消费者利益（如垄断问题）。

总而言之，民法以平等求得形式公平，反垄断法以不平等求得实质公平。

反垄断法所维护的公平是实质公平，其源于市场经济下竞争自由所自带的缺陷。竞争机制是市场经济的灵魂，竞争可以提高生产效率，促进经济发展和社会进步，但是，以市场单个主体为基础单元的竞争无法解决个人利益与社会整体利益之间的冲突问题，甚至在多数情况下仍会优先选择个人利益。因此，以国家之手解决因过度追求个人利益而致社会整体利益受损的问题便愈显重要。反垄断本身就是一种市场干预，所谓的自由放任主义，或者说放任自由，从来都不是一个真正意义上的选项。

从社会公平角度讲，无论何种类型的垄断最终都会侵犯竞争弱者和消费者的合法权益。首先，垄断会损害竞争弱者的利益。优胜劣汰、适者生存是竞争的自然法则，经过竞争机制的筛选，竞争获胜者必然会拥有较大的竞争优势，使得其在面临新一轮的竞争局面时优势愈滚愈大，最终形成垄断。垄断意味着其他竞争者（相对垄断者而言，主要是中小企业）在进入市场开展竞争的过程中不仅要面临先天的竞争"劣势"，还要时刻准备接受垄断者的排挤和打压，这会严重限制中小企业的发展，损害中小企业的利益。对国有企业垄断而言，竞争弱者在规模上表现为中小企业，在所有制上则主要表现为民营企业，因为他们不仅要挑战国有企业的竞争优势，还要克服行政机关所形成的竞争困境。其次，垄断会损害广大消费者的利益。一方面，在正常的市场交易中，消费者因信息不对称始终处于弱势地位，而随着经营者逐步走向垄断，消费者的弱势地位势必将进一步强化，很难再与经营者抗衡，由此损害消费者在选择商品和自主交易方面的权益；另一方面，垄断更便于经营者凭借垄断地位来控制产品的产量和价格，进而牟取暴利，此举也将对消费者造成更大的利益损害。

二、反垄断与经济发展

（一）反垄断与经济增长

竞争机制是市场经济的核心机制。市场经济的发展离不开竞争，离不开反垄断政策的有效实施。《反垄断法》素有市场经济的"经济宪法"之称。反垄断政策的有效实施会使一国的经济格局发生重要的积极变化。在政府赖以调节经济运行的所有政策中,反垄断政策具有基础作用。市场经济发达国家的经验表明,竞争带来经济繁荣,垄断造成社会福利损失,影响经济持续繁荣。

从经济增长函数看,在资源、土地、劳动力等投入要素成本上升,外资与内资的投资增长速度受限,技术创新短期内难以取得较大突破的情况下,未来中国经济增长的动力在很大程度上有赖于经济效率的提升。通过反垄断促进各种经济主体公平竞争是提升经济效率的最佳手段。反垄断不仅有利于提升经济效率,而且有利于促进中国产业结构调整,推进国有企业改革,促进民营经济发展,提高研发与技术创新能力,完善收入分配格局,深化对外开放和主动参与全球竞争,促进中国经济健康发展。

(二)反垄断与研发创新

中国研发创新不足,除了与研发投入不足、投入分配机制不合理,对研发创新成果的知识产权界定、应用推广的激励不足,以及对知识产权保护不力有关外,还与一些垄断企业坐享垄断利润、缺乏研发创新动力有关。以石化行业为例,技术创新明显滞后于国际同行。国内炼化行业某民营企业在技术上有创新成果,既可提高产品质量,又可降低生产成本,却不被垄断性的大型石化企业采用,其产品无法进入大型石化企业。再以高铁行业为例,某民营企业世界公认的专利技术可降低高铁的电耗,安全与质量性能更可靠,但至今难以进入国内高铁的零部件产品与技术采购体系,该民营企业无奈之下正寻求让德方企业作为第一大股东以实现此专利技术应用。垄断企业,尤其是部分垄断性国有企业既无创新动力,又无创新压力,在享受垄断利润情况下,习惯于寻租以保持垄断地位,这是垄断性企业创新能力弱、技术水平低的主要原因。从这个角度看,打破垄断性体制,加强反垄断执法有利于促进我国企业研发创新。除了垄断性企业阻碍研发创新外,一些研发创新和技术领先的跨国公司滥用知识产权保护,实施"专利丛林",滥用由知识产权获得的垄断势力,实施了垄断或限制竞争行为,包括收取过高的专利许可费,也不利于中国企业进行研发创新。中国应加强知识产权领域的反垄断执法,可借鉴美国司法部和联邦贸易委员会颁布的《知识产权许可反垄断指南》《反垄断执法与知识产权:促进创新与竞争》,制定中国的知识产权保护与反垄断执法指南,既防止境内企业滥用知识产权保护实施垄断或限制竞争,也积极行使反垄断法的域外管辖权,防止境外企业尤其是跨国公司的滥用知识产权制定垄断高价和限制竞争行为。

（三）反垄断与收入分配

收入分配差距，在我国有行业性、地区性、阶层性和资源性几种模型。垄断是导致行业性贫富差距的主要原因。如果没有垄断，各行业之间的利润率会趋同。中国各行业间利润率差距较大，主要是垄断因素所致。垄断企业通常处于经济发达地区，垄断高价会造成经济落后地区或国家的收入向经济发达地区转移，扩大地区间收入分配差距。垄断企业的收入越高，企业高管人员的薪酬待遇就越高，这进一步扩大了阶层性的贫富差距。垄断可使资源型企业制定垄断高价，进一步扩大资源性贫富差距。垄断以及为了维持垄断地位而进行的权力寻租是绝大部分收入分配差距问题产生的根源。从这个角度来说，不触及垄断地位的收入分配改革是"扬汤止沸"，加大反垄断执法力度，促进公共竞争的收入分配改革，是"釜底抽薪"。

（四）反垄断与平台经济发展

强化反垄断，促进平台经济领域公平竞争，不仅有助于提升平台企业质量、促进平台经济持续健康发展，而且有助于广大民营企业以及整个国民经济实现更好、更快、更高质量发展。强化反过度垄断，有助于扩展中小企业生存和发展的空间。平台经济领域经营者包括平台经营者、平台内营销者两类主体。其中，平台经营者通过构建交易平台，为平台内营销者提供信息和交易撮合服务。拥有足够多的进入平台开展网络营销活动的市场主体，既是平台经营者生存的基础，也是平台经营者发展的前提。因此，平台经营者之间以及平台内营销者之间必然发生内涵不尽相同的竞争，而且必然要求谋取更大的平台经济支配力。如果实力较强的平台经营者或平台内营销者利用各种手段，排除和限制竞争，分散的、实力较小的平台内营销企业和个人就会处于被排除、被限制的境地，这时的平台经营者垄断就是过度垄断。显然，强化包括平台经济领域在内的反垄断，有助于平台企业更好地服务于中小微营销者，使这些经济主体实现更大发展。

强化反垄断，加强对头部平台企业过度垄断行为的事前、事中监管，有助于提高平台经济运行效率。平台企业的垄断行为大都与头部平台营销者有关。头部平台企业垄断行为不仅表现为排除或限制中小平台企业和平台内营销者利用平台进行网络营销，还表现为排除或压制中小平台企业和平台内营销者参与市场竞争。因此,加强对头部平台企业的过度垄断行为管控,就不能仅限于事后,必须将管控工作前移,加强事前、事中监管。事前监管,重点是加强对头部平台企业单边签订排他性服务合同、排除与限制其他市场主体进入平台等行为的管控,建立和不断完善平台企业特别是头部平台企业过度垄断行为的观测与预警指标体系。事中监管,重点是通过市场信息反馈机制及时发现并纠正平台企业的过度垄断行为。加强事前、事中监管,完善事后查处,不仅有助于促进平台企业之间公平竞争,而且有助于培育健康的平台市场,提高平台经济运行效率。

(五)反垄断与民营经济发展

民营经济发展难,除了受企业税费负担重影响外,还与民营企业市场准入难有关。在教育、文化、医疗等领域,民营企业进入困难。民营企业经常在多个环节受到垄断企业对其利润或市场的挤压。在上游,资源能源等原材料领域存在较多的国内垄断和国际垄断,中小企业高价购买原材料,甚至难以买到原材料;在下游,产品的销售遭遇物流垄断、商场或超市垄断,中小企业被征收了过多的费用;在供货回款上,中小企业受到具有优势地位的大企业的压榨,大企业经常占用中小企业资金,拖欠货款;在融资上,因银行垄断,债券与股票市场发育不良,中小企业需要支付过高资金成本。

促进民营经济发展,不仅需要降低中小企业税费负担,关键还需要放开市场准入,防止不当的市场准入限制使中小企业失去市场参与的机会。例如,国外在手机频谱牌照拍卖时,会预留出一定波段给中小企业,保证中小企业有市场参与机会。虽然中国的产品市场放开,但要素市场没有放开,仍存在过多的不当的法定垄断、国有垄断、行政垄断或地域垄断,这些垄断使得虽然放开了民营企业的市场准入,但民营企业始终无法有效进入。为此,需要大力加强反垄断执法,进一步打破垄断,促进公平竞争,防止任何垄断行为对中小企业的公平竞争造成不利影响。对于一些大企业拖欠中小企业货款的行为,中小企业不得不忍气吞声,"敢怒不敢言",可选择的解决办法是在反垄断法下设《防止货款拖欠法》,保护中小企业利益,防止大企业利用优势地位侵占中小企业利益。

第二章 中国垄断现状及其成因

垄断是有关资源配置的基本经济问题之一，根据其产生的原因可以大致分为经济垄断、行政垄断以及混合垄断。当前学术界对三种垄断的各种现状已经研究的相对精细与透彻，在我国现有的反垄断制度下，逐步完善各种垄断的规制路径，更具现实意义。本章包含经济垄断现状、行政垄断现状、混合垄断现状三部分。

第一节 经济垄断现状

一、经济学语境下的垄断类型

在经济学语境下，市场是承担商品交换关系的场所，它能反映某一商品供求和价格等经济因素的变动情况。而市场机制运行得怎么样，一个关键的因素是市场结构，即市场结构决定着市场机制如何运行。按照垄断程度的不同，经济学上的垄断可分为完全竞争（无垄断）、完全垄断（也称纯粹垄断，无竞争）、竞争垄断（垄断与竞争同时存在）和寡头垄断（少数几家公司垄断）四种类型，在不同的垄断类型中影响市场机制运行的因素亦有所不同。

二、新反垄断经济学说的影响

在不同时期，垄断理论都是经济学的基础理论，经济学说对反垄断的司法和执法具有重要意义，但是在传统的经济学基础上构建的反垄断法分析框架需要不断创新经济思维和模式以应对数字经济的冲击。在反垄断法实施的不同时期，都不会出现一种单纯的、整齐划一的司法和执法局面，某种经济理论和执法理念起主导作用仅仅是相对而言。传统经济学研究的交易形态主要为单边市场，但对于数据驱动型商业模式而言，尤其是网络平台，其往往涉及双边市场或多边市场，如搜索引擎市场、社交媒体平台、在线交易平台等，其面临着众多不同又有紧密需求的客户群体，各个客户群体内部以及彼此之间都存在众多的联系，这毫无疑问会加重反垄断分析的复杂化。在双边市场理论下，需要解决的问题不再局限于一个交易、一个环节，而是各个交易环节、各个客户群体交织在一起，在每一个环节上都可能会导致竞争问题。

戴维·埃文斯（David S.Evans）和理查德·施马兰西（Richard Schmalensee）提出平台的网络效应、规模效应、负荷能力、差异程度以及用户多宿的可能性，共同决定了平台的市场力量。这一研究成果对德国《反限制竞争法》第九修正案产生了重要影响，规定在认定经营者市场地位时应考虑网络效应、用户多宿、转移成本、规模效应、数据以及创新等因素。行为经济学认为在网络空间中，由于信息、信念固着、各种偏见（现状偏见）、启示的作用，人们的行为可能更加直观，在分析市场时更需要以实证研究的数据来支撑。例如，在网络浏览器市场，按照传统的经济学观点，用户在浏览器之间的转移成本为零，"竞争就在点击之间"。但是按照行为经济学的观点，现状偏见对于人们的选择具有非常重大的影响，尤其是在网络空间。根据英国竞争与市场管理局的调查，用户通常会坚持使用默认搜索引擎，例如，谷歌通过向苹果支付一定比例的搜索收入来换取其在IOS系统中默认的搜索引擎，预估谷歌每年向苹果支付120亿美元以获得这一默认搜索引擎位置。

受行为经济学说的影响，在反垄断分析框架下界定相关市场、测度市场势力、分析市场进入壁垒以及评估竞争效果的各个环节，应引入实证研究的方法。

潜在竞争理论是美国反垄断判例法发展的一种主要用于考察混合并购是否会限制潜在竞争而产生反竞争效果的理论。它主要考察如果没有这个合并，目标企业是否可能作为竞争对手进入这个相关市场。潜在竞争理论由两个不同的理论构成，即实际潜在进入者理论和感知潜在进入者理论。实际潜在进入者理论描述的是一个大型在位企业与一个正打算进入市场的潜在进入者之间的并购，因消除潜在进入者直接进入市场的可能性而阻止市场竞争变得如其独立进入市场情况下那么激烈。感知潜在进入者理论描述的是一个在位企业与一个尚未开始进入市场，但被在位企业感知到且迫使其收取较低价格的潜在进入者之间的并购，因消除这种限制而使在位企业未来可以提高价格。数据驱动型并购在反竞争效果评估时不仅要关注现实性的反竞争，还要关注潜在的反竞争，对未来的市场竞争做出合理的预测。

三、多视角的经济垄断现状

（一）经济垄断的全球现状

在市场经济进入经济垄断普遍存在的阶段后，全球市场必然出现一些与以往市场不同的特征和变化。

第一，资本与生产高度集中，垄断企业在主要生产部门乃至整个市场中处于支配地位。自由竞争市场中的小规模企业分散竞争的模式几乎消失殆尽，一些重要的生产部门大部分都已经形成了寡头垄断的格局。

第二，出现了由工业资本和银行资本勾结形成的金融资本。这种新型资本不断集中壮大就形成了金融寡头。工业垄断资本形成的过程中，银行资本也不断集中扩大规模形成银行垄断资本，二者勾结起来对市场造成了重要的影响。首先，金融寡头可以通过银行左右企业的生产经营。比较典型的就是银行通过发放贷款或者调整利率来控制市场中的企业，甚至在一定程度上决定它们的兴衰。其次，促进经济垄断的形成和发展。银行为企业提供信用贷款，为企业扩大资本提供了便利，对企业垄断市场提供了相当大的助力。

第三，在当前全球经济垄断的大环境下，垄断组织把资本输出作为谋取利润的重要手段。在资本主义经济发展到垄断阶段以后，生产和资本高度集中，所以利润相对较高的行业变得难以进入。由此市场上产生了很多剩余的、闲置的资本。与此同时，一些相对落后的国家或者发展中国家，因为资源丰富和劳动力相对廉价等原因，就自然成了这些剩余资本输出的对象。从客观上来说，这些资本输出在一定程度地促进了这些落后国家经济的发展，但是从主观上来说，这种资本输出的本质其实还是对当地人力的剥削和压榨，并且还会造成一系列诸如资源过度开采、环境破坏、经济发展不协调等后果。

第四，全球市场的大型垄断组织逐渐达成一定协议或结成同盟。随着各大垄断组织不断增加对外的资本输出，垄断资本在全球市场上的规模和影响力也日趋扩大，垄断组织开始在全球范围内争夺原材料和商品市场。不同国家的垄断组织为了维护其自身利益，运用国家机关的行政力量，设置各种贸易壁垒；反过来，对外又采取避开贸易壁垒的措施试图抢占其他国家的市场。但是，这种不择手段的对抗和争夺对双方的利益都会造成损害。在意识到这一点后，不同国家的垄断组织开始试着在基于利益的基础上谋求共识或结成同盟。国际垄断同盟是不同国家占统治地位的垄断组织，为保护已获得的垄断利益，从经济上分割世界而建立的一种暂时的国际经济协会或联合组织。

（二）经济垄断的伦理现状

要了解事物的内在含义就必须先弄清楚事物产生的根源。就经济垄断而言，经济学界普遍认为在资本主义市场经济中，资本家追求利润的最大化和对剩余价值的追逐而导致的资本集中就是经济垄断产生的根源。追求利润是资本主义经济的原动力，同时也是资本的最终目标。在资本主义市场经济中，资本的发展必定会面临与其他资本的竞争。资本在追求利润的过程中为了维持自身在市场中的利润份额和有利地位，必然会对其他资本极力排斥。为了提高自身的竞争力，资本就必须利用自身或者外部的各种有利条件来扩大规模。无论是驱逐市场中其他规模较小的资本或是蚕食其他资本，都会导致处于有利条件下的资本规模扩大，这样一来，市场中的资本就越来越集中。占据市场中有利地位的资本通过各种手段排挤对手形成对市场的独占，于是垄断产生了。资本在垄断形成以后运用自身在市场中的独占地位，掌握操控市场的能力，设置各种进入市场的障碍，打压其他企图进入该市场的资本，阻挠和破坏市场竞争。从这个角度来说，垄断和竞争是以对立的姿态呈现的。

在资本主义经济中，垄断的表现都是围绕资本极力维持、巩固其自身垄断地位和利用垄断地位谋取高额利润呈现的。从这个角度来说，经济垄断一般具有以下几种表现。①在特定市场中只有一家或者联合起来的几家资本企业占据的市场份额，在该市场中处于支配地位。在资本主义市场中，只有达成了这些条件的资本或者资本联合体，才能使自身具备形成垄断的资格。②处于垄断地位的资本企业所经营的产品是独一无二的并且没有任何相似的替代品。经济垄断的这一特点是维持垄断资本对市场的独占的重要保障。作为产品在市场中唯一的生产者和经营者，不用面对来自其他资本的竞争压力，可以通过扩大自身规模维持自身在市场中的有利地位。③在经济垄断中，垄断企业会对市场设置各种壁垒阻碍其他资本进入该市场，以保证其自身所生产经营的产品在市场中的独一无二，并打压其他企图进入市场的资本来保持自身对市场的独占。④垄断企业会利用自身在市场中的有利地位和优势操控市场中各种因素，以此达到攫取高额利润的目的。总的来说，经济垄断的出现是资本主义经济的内在动因所导致的，资本的集中是经济垄断开始萌芽的标志。从另一个侧面可以看出，经济垄断是市场竞争发展到一定阶段的必然结果。

（三）经济垄断的市场现状

经济垄断是市场经济中一种特有的经济现象，它与市场经济中的另外一个概念是密不可分的。经济垄断是市场竞争高度发展进入一定阶段而产生的，但是在经济垄断形成之后，它又会天然地排斥竞争。所以，经济垄断最主要的特点一般都是相对市场竞争而言的。在资本主义经济发展的初级阶段，由于生产力水平的限制，资本企业的规模相对较小，在同一个市场中会存在许多大大小小的资本企业同时经营相同或相似的产品，它们之间处于激烈的竞争关系之中。随着生产力水平的提高，某些技术先进、管理完善的企业慢慢脱颖而出，规模扩大，以本企业的优势或者其他少数强势企业联合起来的优势形成对市场的独占，继而排斥并极力消除市场中竞争的存在。从这个角度来说，在经济垄断中，同一市场只会存在一家或者少数几家联合起来的资本企业对市场进行独占和垄断。在市场经济的自由竞争阶段，市场的运行和发展都是由自然的经济规律和市场规律来调节的，而在经济垄断形成之后，垄断资本企业把持着市场的运行。并且在自由竞争存在的市场中，资本进入市场是比较自由的。而在垄断市场中存在着阻止其他资本进入市场的各种壁垒和障碍，其他资本想要进入变得十分艰难。

通过以上分析，可以发现经济垄断的市场现状是这样的：主体是资本经营者、企业法人以及在市场中进行各种以营利为目的的经营行为的自然人；资本企业主要以自身强大的经济实力来确立并巩固自身在市场中的垄断地位；在同一市场中一般只存在一家或者几家联合起来的处于垄断地位的资本企业；在经济垄断存在的市场中，市场的运行及发展在很大程度上受到垄断资本企业的影响及操控，并且该市场被垄断资本企业凭借其垄断地位设置了各种壁垒和障碍，使其他资本的进入变得十分困难。

商品经济是一种直接以商品交换为目的的经济形式。不同于自给自足的自然经济形式，商品经济在农业与手工业开始分离之初产生，随着生产力的发展而不断发展，当商品经济发展到一定的高度，商品的交换必须通过一定的市场机制来完成的时候，这种社会化的由市场来调配控制的商品经济就是市场经济。市场经济是一种高级的商品经济，要完成商品交换，商品的生产经营者就必须将商品拿到市场中去，并且只有在市场中完成商品交换的过程，商品的生产经营者才能获得相应的经济利益。商品的生产经营者在市场关系中表现出一种相对独立性。每个经济主体都会根据自身情况和市场需求来进行商品的生产和经营，这就使得商品经济中有一种自发的利益机制的推动力。商品经济中的生产经营者为了追求更大的利益，会不断地为自己的商品创造更好的商机和市场条件，所以商品经济的发展伴随着激烈的竞争。商品经济的以上特性我们一般将其称为市场性、自发性和竞争性。随着商品经济的不断发展和这些特性的日益显著，处于商品经济体系中有利地位的商品生产经营者的优势也越来越明显。这些经济主体在市场中的影响力越来越突出，自发追求更大利益的手段和选择也越来越广泛，表现为这些商品生产经营者的生产规模越来越大，同时在市场竞争中的优势不断扩大，最终从竞争中脱颖而出，就形成了我们所说的经济垄断。可以这么说，经济垄断是商品经济不断发展的产物，商品经济的若干特性之间相互作用推动着商品经济不断向前发展，同时也催生出经济垄断这一产物，在由市场机制调配的商品经济中，形成经济垄断是一个必然的、不可避免的结果。所以，在商品经济社会中，经济垄断是普遍存在的。

四、经济垄断的危害

（一）加剧利益集团为所欲为

垄断企业作为市场上举足轻重的利益集团，其影响力可以从市场扩散到其他领域乃至整个社会。为了追逐利益，垄断组织会利用自身垄断地位在市场中使用各种正当或不正当的手段谋取高额利润。在市场中，垄断企业打压竞争对手的手段可谓层出不穷，除了其惯用的价格手段之外，垄断企业还可以使用某些技术方面的优势来封杀竞争对手。比如美国苹果公司在数字音乐方面的技术一直处于领先的地位，在数字音乐市场的份额接近80%。市场上对此普遍持有这样的看法：iTunes音乐管理软件和iTunes专卖店捆绑在一起的做法，侵犯了消费者的选择权，他们不能自由地选择其他音乐服务商。如果使用其他服务商的音乐下载服务，就等同于放弃了之前在iTunes购买的音乐库。这种做法使其他音乐服务商很难进入数字音乐服务这个部门，无论是对消费者还是对其他公司都是不公正的。

垄断企业在经济领域中具有超然的地位，这种地位会自然而然地向其他社会生活领域蔓延。实际上，经济垄断作为一种市场经济中的特殊现象，影响的不仅只是经济领域，对社会生活的各个方面都会有很大的影响。因为垄断企业所获得的利润很高，当地的政府和行政机关可能会对其大开绿灯，保护甚至扶持该企业。垄断企业占有的市场份额大，所以产品的受众很广，企业可以通过各种运作引导购买自身商品的消费者的消费观念，甚至是价值观念。从苹果手机打入中国市场开始，就受到了中国年轻消费者的疯狂追捧，除了苹果手机本身的性能和质量等因素之外，这种狂热绝对离不开苹果公司潜移默化的宣传策略。因为苹果手机价格昂贵，一些无力购买的年轻人为其甚至走上了违法犯罪的道路。

垄断企业的经营者在社会上也同样有着超然的地位甚至特权。有些经营者开始自我膨胀，感觉自己的行为可以不受道德甚至法律的约束。在经营企业的时候为了牟利无所不用其极，有时候为了达到目的甚至会使用各种非经济的手段来打压其他竞争者、欺压消费者。这种情况在短途运输业中很常见，一些当地的大运输车队，为了垄断当地的运输市场，会用各种暴力手段威胁、恐吓其他的竞争对手。N县的茉莉花茶远近闻名，由此使得N县的运输市场异常火爆，N县茶叶运输行业的某些经营者为了获得高额利润，组织涉黑团伙采取各种手段垄断市场，无端提高运输费用，并且对当地其他司机和车队经营者进行敲诈威胁，稍有不从就打砸车辆，这样严重扰乱市场秩序的违法犯罪行为同样也危害着N县茶叶产业的发展。

（二）催化市场道德秩序混乱

市场经济的道德秩序，主要是由经济伦理的第一层次——职业道德和经济信用构成，这是市场中经济主体主要的道德规范，是市场经济健康发展的有力保障。职业从本质上来说是人的角色社会化和社会职能专门化的一种统一。每种职业不同的工作性质和社会地位决定了处在这个职位上的人必须遵循相应的特殊的道德要求。官德、医德、师德等都是指具体到某一个职业的道德要求。不管是哪种职业，在其职务范围之内关于职业道德都存在着三个重要因素：责任、权力和利益。每种职业都承担着相应的工作责任和社会责任。相对应地，每种职业都具有一定范围内的权力来掌控完成职责的各种资源和获得相应的报酬。不论何种职业，都是在处理某些方面的利益关系。作为市场经济中的主体，企业经营者从事的是各种以营利为目的的商业活动，所以经济主体的道德要求可以称为商德。

作为市场中的经济主体，企业经营者的职业道德与市场经济中内在的道德息息相关。在市场经济中，企业负责的是生产和提供各种各样有形或无形的商品，交付到市场上用于流通，通过这种形式来获得利润和报酬。企业所处理的主要是不同企业之间以及企业和消费者之间的利益关系。在经济垄断中，企业的垄断行为会使市场中企业经营者的职业道德发生一定程度上的异化。垄断企业所提供的商品大部分都在价格上打上了垄断的标签，为了追求垄断利润，垄断企业给自身商品所定的价格一般都不在正常范围之内，要么以低于正常的价格来打压竞争者，要么以虚高的垄断价格来获取垄断利润。在市场中，企业都有着通过合法经营、公平竞争来获得收益并借此发展壮大的权利，但是在经济垄断的影响下，垄断企业拥有大部分的市场权力，使得其他企业的生存空间被无限压缩，无法获得公平竞争和发展的权利。垄断企业为了巩固自身垄断地位，会想方设法打压市场中其他的企业，并且垄断企业所获得的高额利润，归根结底，还是从消费者的个人财富中掠夺而来的。垄断企业的经营者在"责任""权力""利益"这三个关乎职业道德的关键因素中，都是围绕自身的利益来进行各种经营活动的，所以，经济垄断对企业经营者的职业道德产生了极为消极和负面的影响。

经济信用与职业道德一样，是市场经济中的一项基本行为准则。信用在社会生活各个领域都极为重要。马克斯·韦伯在《新教伦理与资本主义精神》一文中提到"信用就是金钱"，包括我国传统思想文化中也强调信用是一个人道德素养中非常重要的一环，"人无信不立"。所以，在市场经济中，经济信用对于一个企业的重要性是不言而喻的。同时，经济信用对于市场经济秩序的稳定、市场经济健康稳定发展也具有重要意义。经济信用在市场中主要表现在对商品和服务质量的承诺。垄断企业因为自身在市场中的地位，形成的卖方垄断变相剥夺了消费者的选择权。为了获得高额利润就压低商品成本，或者使用假冒伪劣商品以次充好，侵犯消费者的权益。这种做法使得消费者对市场中流通的商品出现信任危机。从前几年的"三鹿奶粉"事件到后来的各种食品安全事件，人们对市场上的食品越来越担忧，这极大地打击了我国食品行业的发展。所以说，经济垄断所引起的一系列反应都在不同程度上造成了市场道德秩序的混乱。

（三）拉大贫富差距

在现阶段的市场经济之中，经济垄断造成贫富差距扩大的原因主要有以下两点。

1. 垄断行业的收入远高于其他行业

垄断行业的高收入来源于高额的垄断利润。垄断企业通过垄断生产、市场和价格来获得高利润，从而发放高工资。就我国的烟草行业来说，政府为了保证财政收入而实施了烟草专卖的政策，这正是烟草行业赖以获取高额利润的原因。尤其值得注意的是，从统计数据可以看出，不少垄断行业员工平均收入水平高出各行业平均水平的幅度越来越大。可以说，垄断对于当前的社会收入不公，要承担相当大的责任。

2. 经济垄断使社会财富大规模转移

一方面，垄断企业利用自身垄断优势操控市场上商品的价格，获取垄断利润，这些虚高的价格实际上全都是由消费者来买单。这样一来，消费者的财富就以这样的方式变相流入垄断企业的腰包。

另一方面，垄断企业打压其他竞争对手，使其他非垄断企业失去生存空间，大量中小企业被兼并甚至倒闭，使失业人员增加，这些失去生活来源的人会更加贫困，这也是造成社会贫富差距扩大的重要原因之一。

贫富差距过大对于社会的危害是巨大的，由于低收入人群比例大，市场上内需不足，经济发展就会受到阻碍。贫困人群觉得社会不公就会失去劳动积极性，对经济发展也是不利的。同时，长期处于贫困状态的人群也会增加社会上不稳定的因素。"仓廪实而知礼节，衣食足而知荣辱"，贫富差距拉大也是造成道德风气败坏、社会整体道德滑坡的重要原因。

第二节 行政垄断现状

一、行政垄断的学界之争现状

行政垄断的概念是由经济学家胡汝银首先提出的，他认为行政垄断并不是市场垄断，它是由行政组织通过行政手段来维系的绝对垄断局面。法学意义上的行政垄断是王宝树首先界定的，他提出行政垄断与经济垄断不同，是指政策制定机关与其他的授权机构滥用行政权力，对企业之间的合法竞争进行排除、限制或者妨碍。行政垄断的概念诞生以后，法学界对其如何进行界定展开了激烈讨论，但是长久以来并未得出统一的结论，因此对行政垄断的理解存在许多分歧。

（一）行为与状态之争

行政垄断是垄断行为还是垄断状态，学者们对此有着不同的看法，并形成了相应的不同概念。有学者认为，应将行政垄断理解为一种行为，指的是政策制定机关和其他的授权组织为了使得一些企业得到优势地位，滥用行政权力妨碍企业之间合法竞争的行为。也有部分学者认为，应该把行政垄断理解为一种状态，指的是某些企业利用行政机关和其他授权组织滥用行政权力形成的控制力量，由此实现的垄断地位的维持和排除、限制竞争的状态。除这两种情况外，还有学者认为，行政垄断既是一种行为也是一种状态，指的是经济主管部门和地方政府滥用行政权力形成强大力量，使得某些企业维持垄断地位和排除、限制竞争的状态及行为。

（二）合法与非法之争

学界对于行政垄断是非法垄断还是行政垄断包含合法的因素也形成了不同的观点：一种观点认为，行政垄断包含合法因素，不以违法为前提条件；另一种观点认为，行政垄断以行政权力的滥用为构成要件，行政垄断都是非法的；还有一种观点认为，行政垄断指的是行政机关使用行政权力不合理排除、限制竞争。

二、行政垄断规制的研究现状

综观学术界对于行政垄断的研究成果，对行政垄断的危害及规制的必要性有着共识。一般认为，行政垄断给我国经济和社会造成了巨大的危害，并指出我国反垄断的主要任务是反行政垄断。然而，在对行政垄断如何选择有效规制的具体措施方面，不同专业领域的学者从不同的专业角度，提出了各自不同的观点。有的学者认为借助反垄断法对行政性垄断可以实现有效规制，以许光耀的《行政垄断的反垄断法规制》为代表，认为"反垄断法对行政机关滥用行政权力介入市场竞争的行为应起到基础性的调整作用"，并提出我国相关立法最需完善的是相关的责任制度以及执行机制。一些学者希望通过深化政治体制和经济体制改革来达到对行政垄断的规制。也有人认为，必须通过政治、经济、法律等手段才能有效地对行政垄断进行综合治理。例如，孙德岩在《行政垄断的特征与行政法规制》一文中主张，我国应采取以行政法规制为核心的综合规制模式来规制行政垄断。当然，还有学者认为当前我国国情下根本无法规制行政垄断。

由此可见，在行政垄断的规制理论中，多集中于讨论立法疏漏、行政机关内部规制以及执法不力等方面，有些也涉及司法审查，例如，应品广在《论经济法理念对行政诉讼体制的冲击和渗透——以反垄断行政诉讼为视角》一文中将"反垄断行政诉讼"分为两种表现形式，即反垄断执法诉讼和反行政垄断诉讼，侧重于从经济法层面剖析反垄断行政诉讼，主张通过相应的制度改造和观念变革，在行政诉讼中逐步引入经济法理念以有效应对社会经济形势发展的新需要；叶卫平在《司法审查与行政性垄断规制》一文中通过现行法适用、行政内部控制与司法控制的功能及利弊比较以及域外做法介绍的基础上,就建立行政垄断司法审查制度的必要性及可行路径进行了论证;研究领域为宪法学、行政法学的学者廖丽环对反行政垄断诉讼进行了专门研究,其发表了《反行政垄断诉讼的解构与重构——以〈行政诉讼法〉第12条第8项为切入点》《反行政垄断诉讼与行政诉讼的客观化》《反行政垄断诉讼反思与变革——以实体行为和程序架构为链接》等文章,其中均提出反行政垄断诉讼具有客观诉讼属性,并着重论述了反行政垄断诉讼的客观化表现,进而提出反行政垄断诉讼的未来走向系客观诉讼。从我国目前鲜有的关于行政垄断司法规制的学理研究中,我们可以发现不同学者对行政垄断司法规制的研究重点不尽相同,大多是关于诉讼类型的,对于司法审查展开论述的较少,导致作为最后防线的司法规制路径成为薄弱环节。

三、行政垄断的公平竞争审查现状

2016年6月,国务院颁布《关于在市场体系建设中建立公平竞争审查制度的意见》,写明了公平竞争审查对象、方式、标准等基本内容,搭建了公平竞争审查制度的基本架构,表明该制度在我国的正式确立和国家遏制行政垄断的决心。之后一段时间内,地方政府积极响应,全国大部分地区相继出台了相关文件,指导当地的审查工作。2017年10月,国家发展改革委等五部门联合出台了《公平竞争审查制度实施细则(暂行)》,对制度的各个部分予以细化,提高了该制度的实操性,这一制度真正在我国开始生根发芽,公平竞争审查进入实质发展阶段。2019年2月,国家市场监管总局发布《公平竞争审查第三方评估实施指南》,这一文件对公平竞争审查过程中第三方评估的引入做了详细具体的规定,有助于解决审查主体专业性不足的问题,并推动了公平竞争审查制度深入实施。2019年10月,国务院公布了《优化营商环境条例》,其中就包含公平竞争审查制度的内容,增加了相关规定,使得审查依据的权威性有所增强,该制度上升至行政法规的高度。2020年1月,国家市场监管总局公布的《〈反垄断法〉修订草案(公开征求意见稿)》中,第9条、第10条以及第42条都包含公平竞争审查制度的相关内容,该制度有望得到法律的确认和保障,释放遏制行政垄断的更大威力。相关法律文件的相继出台使得行政垄断的公平竞争审查制度在我国确立下来,并得到有效推进和落实,制度本身也在不断完善。

我国行政垄断的公平竞争审查制度是指政策制定机关对相关政策措施进行综合评估分析,判断其是否产生排除、限制竞争的效果。它主要包括以下内容。

（一）相关主体

审查的方式以自我审查为主，自我审查与外部监督相结合。自我审查模式的主体包括三种类型：第一种类型是审查主体，即审查工作的承担者，现行制度的审查主体为政策制定机关，由其进行综合的分析评估，在整个过程中起主导作用。第二种类型是协助审查主体，协助政策制定机关开展审查工作，咨询机构能够对审查工作中遇到的问题提出咨询建议，协调机构可以对审查工作中的较大争议进行协调，决定机构能够对无法协调的争议做出最终决定，第三方评估机构能够增加审查主体的专业性，他们在整个过程中发挥辅助作用，共同构成协助审查主体。第三种类型是监督主体，对审查的整个过程进行监督，上级机关在行政系统内部进行纠错，利害关系人和社会公众通过申诉和举报等途径进行外部监督，共同组成监督主体。

（二）审查对象

涉及市场主体经济活动的存量政策措施和增量政策措施都可能对竞争产生负面影响，妨碍经济的发展，他们都被纳入审查范围，是当然的审查对象。由于利益驱动和计划经济的惯性，政府出于对自身利益的考量和对短期利益的侧重，可能会设置贸易壁垒，限制竞争，以保证短期收益的增加。这些政策措施出台后，在很长一段时间内会发挥消极作用，破坏市场竞争秩序，妨碍经济可持续发展，造成较大损失，因此，有必要按照规定的流程对其进行公平竞争审查，分析评估其竞争影响，使其逐步被清理和废除，保障经济的健康发展。拟出台的政策措施可能产生限制竞争的效果，不利于市场主体进行积极的技术改进，降低生产成本，提高社会生产效率，从而影响经济的健康发展，也需要进行公平竞争审查，对其竞争影响进行综合的评估判断，政策制定机关根据审查结果做出予以通过、进行修改或采用其他方案的决定，最终保护经济属性的利益。在法律效力层级上，审查对象包括行政法规、地方性法规、规章、规范性文件和其他政策措施。

（三）审查标准和例外规定

我国现行行政垄断的公平竞争审查制度规定了四大类共18条一级审查标准，并在一级标准之下设置了50多条二级标准，这些标准将行政垄断对竞争产生的影响纳入其中，包括对市场准入和退出的影响、对资源配置的影响以及对经营成本和经营行为的影响。公平竞争审查制度保护经济利益的同时，也会通过例外规定对非经济属性的利益进行考量。我国公平竞争审查制度的例外规定主要包括三方面的内容，包括保障国家安全、实现扶贫济困等社会保障目的以及维护节能环保等社会公共利益的相关政策措施只有在符合例外规定的情况下才可以出台。

（四）配套措施

为保障公平竞争审查制度的顺利运行，该制度还设置了相关的配套措施，具体包括：①建立定期评估制度，经审查出台的政策措施仍需进行定期评估，并根据其结果及时进行修改或废止；②建立联席会议制度，联席会议负责对制度推进并进行宏观指导，同时对审查工作中的争议进行协调；③健全外部监督机制，利害关系人和社会公众对其具有监督举报权，反垄断执法机构按照规定具有调查权和建议权，还可以提出咨询意见；④明确责任追究方式，政策制定机关未履行相关义务时，由上级机关责令改正，并对责任人员给予处分；⑤建立第三方评估机制，鼓励在审查过程中引入第三方评估机构，增强审查主体的专业性。

四、行政垄断司法规制现状

（一）宏观层面

借助司法的力量对行政垄断进行规制是各国通行的做法。在我国，司法对行政垄断的规制就是指司法机关对反行政垄断诉讼案件的审理。自公平竞争权被最高人民法院的司法解释确立为行政诉讼的客体之一，特别是2008年《反垄断法》实施后，行政相对人提起反行政垄断诉讼的情况屡见不鲜，遗憾的是，这些案件很多因为不属于受案范围而被裁定为驳回起诉，导致反行政垄断诉讼真正进入实体审查的较少。

根据《中华人民共和国行政诉讼法》（以下简称《行政诉讼法》）的具体规定，关于行政垄断的救济方式，行政相对人可以就行政机关做出的涉及垄断的行政行为提起相应的行政诉讼。但通过对2011—2016年北京全市辖区法院所审理的垄断纠纷案件进行统计、梳理与分析，研究者发现：在以案件数量多、案件类型丰富著称的北京市法院辖区内，2011—2016年六年之间没有反行政垄断诉讼案件，原因在于"虽然基于行政机关行政权力与执法范围的不同，将涉及经营者集中、有关价格垄断以及其他垄断行为的行政与执法权力分属于商务部、国家发改委和国家市场监督管理总局三家执法机构,地方价格监督检查和工商行政管理部门在法律规定的范围内也享有部分案件的执法权,近年来国家机关主动进行反垄断调查的案件不断出现,但北京市司法辖区内行政相对人针对行政行为提起行政诉讼的案件并未出现……北京法院审理的涉及反垄断纠纷案件仍以民事纠纷为主"。由此可见,长期以来我国行政垄断司法规制的运行状态异常低迷。

(二)微观层面

有研究者在中国裁判文书网上输入"限制竞争、排除竞争"以及"行政诉讼"关键词,找到了涉及行政垄断案件的司法裁判文书,并从中选取了具有典型意义的三个案例,这些案例分别是深圳斯维尔公司诉广东省教育厅侵犯公平竞争权案,南昌市洪发白蚁防治有限公司诉南昌市住房保障和房产管理局、南昌市财政局、南昌市物价局滥用权力限制竞争案,南京发尔士新能源有限公司诉南京市江宁区人民政府行政决定案。

另外,在法信平台上收集到了两个最高人民法院于2015年发布的涉及行政垄断的经济行政典型案例,分别是吉德仁等四人诉盐城市人民政府行政决定案、丹阳市珥陵镇鸿润超市诉丹阳市市场监督管理局行政登记案。

以上均是来自各级法院的真实案件,在对这些案件分析后发现以下几点。

第一,受司法规制最多的是"指定"型行政垄断行为。在所列举的典型案例中,多半是针对"指定经营"的行政垄断行为提起的诉讼,比如"指定独家使用广联达公司软件的行为""将白蚁防治直接限定房地产开发企业和建设单位只能与市白蚁防治所签订《白蚁预防合同》的规定""指定南京立升再生资源开发有限公司实施全区餐厨废弃物收运处理的行为"。由此可见,作为《反垄断法》所列举的禁止行政垄断行为中的第一项,该行政垄断表现形式在实践中亦比较常见,也是受到司法规制最多的行政垄断行为类型。

第二,被诉行政行为与规范性文件有着密不可分的联系。所列的案例中,基本上所诉行政行为均与规范性文件有关,比如赛项规程、会议纪要、通知,要么直接以行政主体发布的规范性文件涉嫌构成行政垄断为起诉对象,比如,洪发白蚁防治有限公司诉南昌市住房保障和房产管理局等滥用权力限制竞争案,洪发白蚁防治有限公司以三被告于2010年6月18日联合发布的《关于规范我市城市房屋建筑白蚁预防费用收费管理有关问题的通知》第3条及第6条的规定涉嫌排除其竞争为由提起诉讼;要么是在以行政主体做出行政行为的合法性认定时附带审查其所依据的规范性文件，比如丹阳市珥陵镇鸿润超市诉丹阳市市场监督管理局行政登记案，就对不予登记行为所依据的丹阳市人民政府发布的《关于转发市商务局的通知》的有关条款进行了附带性审查。

第三，争执焦点多集中于基础性问题。从目前收集到的为数不多的反行政垄断诉讼案件来看，作为被告的行政主体在面对原告的控告时，普遍对原告的诉讼主体资格以及被诉行政行为是否可诉进行抗辩。例如，通常以原告与被诉的行政行为不存在竞争关系或者被诉的行政行为未损害原告的竞争利益为由对原告的诉讼主体资格提出异议，且司法机关亦将其归入案件争执焦点，并在案件说理部分进行详细阐述。吉德仁等四人诉盐城市人民政府下发的盐城市政府第13号《专题会议纪要》中明确公交公司免交交通规费的行为侵犯公平竞争权一案，就原告的诉讼主体资格问题，从一审争论到了二审，而司法判决均就该争执焦点进行了详细说理。

第四，请求赔偿的诉请未得到司法确认。在列举的典型案例中，大多反行政垄断诉讼案件的诉讼请求都停留在确认行政行为违法或者撤销行政行为等步骤，鲜有提出赔偿的，只有斯维尔诉广东省教育厅侵犯公平竞争权案与发尔士新能源有限公司诉南京市江宁区人民政府行政决定案中原告分别提出了"承担相关支出费用""请求赔偿损失"的主张，但司法机关最终分别以"并非因行政行为违法直接造成的损失""指定行为虽然违法，但尚未实际损害原告的合法权益"为由对赔偿的诉请予以驳回。

（三）行政垄断执法机构的现状

1. 执法机构缺乏实际权力

尽管《反垄断法》第51条第2款做出了行政垄断执法的规定，但目前我国在各种专门行业内都存在各自的监管条例，这就使得《反垄断法》的执行力度大大降低。在《反垄断法》颁布之后，由国家发改委和国家市场监督管理总局、商务部承担反垄断执法职能，在这一点上《反垄断法》和1993年颁布的《反不正当竞争法》相比依然属于由行政主体的上级机关进行处理，行政垄断执法机构在执法过程中没有处分权和调查权，只有建议权。由上级机构行使行政垄断的监管权依然存在不完善之处，无法摆脱自己监督自己的困境，在执法过程中如果被执法对象是级别更高的行政机关，更多要依赖于上下级机关之间的配合。

另外,《反垄断法》中对于行政垄断具体案件的调查审理过程没有进行相关的、明晰的规定,只能凭借行政机关的执法人员较高的法学以及经济学素养去执行,这些繁杂的条件无疑都增加了《反垄断法》在规制行政垄断时的难度。目前,我国现行《反垄断法》虽然做了相关规定,但根据其中规定反垄断执法机构仅被赋予了建议权,是否接受建议完全取决于上级机关的意见,即使不存在行政机关上下级之间的相互包庇,如果在执法过程中遇到专业性问题,上级机关在面对复杂的行政垄断执法时同样也存在很大的阻碍。

2. 执法过程透明度不够

信息披露是现代执法过程中重要的制度。信息披露可以将执法过程置于民众的监督之下,有利于发现执法过程中的违法行为并提高执法水平,同时由于行政垄断案件复杂,行政垄断执法过程透明度的提升十分重要。我国现行《反垄断法》对反垄断执法机构工作的职能规定并不具体,虽然在上下级执法机构之间可以进行监督,但这种监督仅仅停留在处理结果上,并不是真正的执法过程的透明化。执法过程不公开,外界无法真正了解行政垄断执法,会导致专业化的行政垄断执法推进困难,难以有效规制行政垄断行为。

(四)行政垄断中滥用行政权力的现状

1. 滥用行政权力的内涵界定不清

首先,滥用行政权力标准本身不够明确。作为法律规定的构成行政垄断的重要组成部分,何为滥用行政权力,相关法律中对其概念都没有具体规定。可以作为内涵参照的是《反垄断法》第五章明确列出的六种行政垄断情形,这六种明文列举的情形为实践中认定行政垄断行为提供了具体指引。

同时可以明确的是,这几种情形并不能涵盖所有的行政垄断情况,除了法定的六种情形外,实践中亦存在其他形式的垄断情形,如曾入选2015年最高院十大经济行政案件的"丹阳市鸿润超市案"中,被告市场监督管理局为原告设定了不平等的市场准入条件,进而使得原告在其所在领域从事相关经营活动的权利受到了不当限制。该案中的情形并非为法律明确列举的六种情形之一,但法院最终仍认定其构成行政垄断,并判决原告胜诉。

因此,在这种没有明确的规定却需要对其进行规制的情况下,滥用行政权力的总规定便成为认定是否构成行政垄断的兜底条款,为了可以使其规制行政垄断行为的作用得到更好发挥,其含义则需要进一步明确。

其次，滥用行政权力与行政法上的"滥用职权"概念关系不清。尽管《反垄断法》采用"滥用行政权力"的行为标准来认定行政垄断，但该标准的科学性和规范性有待商榷。在行政法律规范中，少有"滥用行政权力"的说法，与其密切相关的是"滥用职权"，因为二者都涉及行政权的滥用问题，所以我们可能会理所当然地认为二者是相等的。也许是因为这样一个立法表达问题过小，该问题一直未引起过多的关注和重视，二者是否为同一概念、其具体关系究竟如何，法律规定中未有清晰解释，学界也未过多探讨。

2. 滥用行政权力的局限性困扰司法与执法实践

尽管当下行政垄断案件较少由法院通过司法程序进行审查，但司法作为维护公民权利的最后一道防线，理所应当在行政垄断的规制机制中发挥重要作用。在实践中，除了因滥用职权引起的行政垄断案件之外，有很多行政垄断行为系行政机关的其他违法情形而引起。比如，曾经备受关注的"我国行政垄断第一案"。该案发生在2008年，四家防伪企业联合起诉国家市场监督管理总局，因为国家市场监督管理总局在之前曾发文要求生产厂家在其生产的商品外观装饰上必须贴上一种电子码，便于日常监督，后来该案的结果是法院以超过起诉期限为由裁定不予受理。这种在没有法律、法规授权的情况下对相关企业强制设定义务的行政行为，不再是滥用职权，而是明显构成了超越职权。该案为什么没有进入司法审查程序的原因众多，主要的原因是当时的行政诉讼大环境尚未为行政垄断案件的审查提供良好的土壤。但我们也应该反思，滥用行政权力的规定是否也会在一定程度上限制超越职权类行政垄断行为接受司法的审查。

因滥用行政权力与滥用职权的高度相似性，实践中执法机关也并未做过多考虑而将二者视为同一概念。与不对其他违法形式的行政垄断进行审查和处理相反的是，将其他形式的违法造成行政垄断的行为解释为系不当运用裁量权而引起。

比如，"山东省交通运输厅行政垄断案"中，该部门印发文件，要求全省符合某种标准的车辆必须直接接入某公司研发的监控系统平台并由其提供统一的相关服务。按照行政主体职权法定的原则性要求，在没有法律做出授予职权的前提下，这个行为实际上属于超越职权，但因为要符合行政垄断行为表现形式为"滥用"的规定，执法机关在其论证中阐明，山东省交通运输厅的行为使车载终端的售价提高，车主需要支付更多的平台服务费，构成不合理行使职权，进而认定了该行为与《反垄断法》的规定相违背。

事实上，山东省交通运输厅行为的违法性主要在于其行为本身缺乏相应管制立法的支持，而不在于其对于市场价格和经营成本的经济效果影响。这种将超越职权解释为滥用职权的做法实际上是有权的执法机关在面对法律规定的"滥用行政权力"这一具有局限性和迷惑性表述时的一种无奈之举，但从长远来看，这种做法容易造成滥用职权与超越职权二者界限的模糊，不利于行政法理论的发展。

五、行政垄断中经营者责任的规制现状

（一）现有规范梳理

首次提出对行政垄断中的经营者进行规制，体现在1993年制定的《反不正当竞争法》第30条。2007年颁布的《反垄断法》第32条至第37条对行政垄断予以专门规定，但是未提及经营者的法律责任。2010年我国原国家工商行政管理总局出台的《工商行政管理机关制止滥用行政权力排除、限制竞争行为的规定》(现已失效)第5条对经营者在行政垄断中从事垄断行为设立了禁止性规定。2019年国家市场监督管理总局出台《禁止垄断协议暂行规定》《禁止滥用市场支配地位行为暂行规定》《制止滥用行政权力排除、限制竞争行为暂行规定》三部反垄断规章。《禁止垄断协议暂行规定》第32条与《禁止滥用市场支配地位行为暂行规定》第37条分别规定，经营者因行政主体滥用行政权力而达成垄断协议或滥用市场支配地位，但能证明其因被动遵守行政主体的命令而导致的，可以从轻或减轻处理。根据这两个条款的表述，经营者如果因行政垄断而达成垄断协议或滥用市场支配地位，应当承担法律责任。这也侧面表明经营者负有不得利用行政垄断从事垄断行为的义务，若违反义务，则需承担相应的法律责任。

（二）反垄断执法实践

根据公开信息统计，自2008年《反垄断法》实施至2019年，有关行政垄断司法执法案例共计100起，且绝大多数行政垄断行为是通过行政主体"制定含有排除、限制竞争内容的规定"实施的。大多数行政垄断主要采用限定交易和地域垄断行为等方式干预市场竞争。而在所有行政垄断案例中，经营者受到行政处罚的案例仅有4起，即甘肃省武威市机动车维修服务案、云南省电信运营商赠送活动案、湖南省怀化市住建局划分天然气市场案和安徽省人行合肥支行支付密码器案。

六、受益经营者法律责任立法的现状

（一）《反不正当竞争法》中的规定

1993年制定的《反不正当竞争法》第30条规定了行政机关从事行政限定交易型垄断所应承担的法律责任，同时规定被指定的经营者借行政垄断之机"销售质次价高商品或者滥收费用的"，执法机关应对其"没收违法所得"并可对其"罚款"。由此可知，该法第30条对行政垄断责任的规定说明，立法者认为行政主体和行政垄断受益经营者都应承担法律责任。其基本依据是，被指定的受益经营者借助行政力量获得竞争优势地位，谋取了不合法利益。只是，相较于被指定经营者从违法行为中的获益，"没收违法所得"和一定的"罚款"法律责任明显偏轻。

2017年《反不正当竞争法》修改时删除了上述规定。自此，《反不正当竞争法》不再规制行政垄断受益经营者。该法第30条中关于被指定经营者的规定对于明确受益经营者法律责任已无价值，无再研讨之必要。

（二）《反垄断法》中的规定

2008年制定的《反垄断法》所规制的垄断行为包括行政垄断行为和经济垄断行为，相应地，反垄断法律责任制度分为行政垄断法律责任制度与经济垄断法律责任制度。相对于一般经营者，行政垄断受益经营者主要特征与行政垄断相关联。追究其法律责任时，自然首先考虑《反垄断法》中规制行政垄断的条款。该法第5章依次规定了禁止行政限定交易型垄断行为、地域垄断行为、行政强制型垄断行为以及禁止行政主体制定含有排除、限制竞争内容的规定。该法第51条规定了行政主体实施行政垄断的法律责任，主要是上级机关责令行政机关、被授权管理公共事务的组织改正违法行为；对直接负责人给予行政处分。参与行政垄断的受益经营者并非行政主体，是否承担以及如何承担法律责任不明确；"行政强制"是否可以作为受益经营者责任认定时必须考量的因素不明确；如何认定"强制"亦无参考标准。

《反垄断法》第46条、第47条、第48条规定了经营者违反本法规定实施垄断行为的行政责任，主要是责令停止违法行为、没收违法所得、行政罚款等。《反垄断法》第50条规定了经营者实施垄断行为应承担的民事责任。若不考虑行政垄断因素，参与行政垄断的受益经营者实施垄断行为的法律责任是有法可依的。一旦增加"行政垄断"这一要素，追究经营者法律责任时是否考虑以及如何考虑行政垄断因素并不明确，可能导致执法层面的认识分歧，造成同案不同判的现象。

（三）部门规章中的规定部门

规章中关于行政垄断受益经营者法律责任的规定，将行政垄断因素与经济垄断因素均纳入考虑的范围。原国家工商行政管理总局于2010年发布的《工商行政管理机关制止滥用行政权力排除、限制竞争行为的规定》中第5条与第7条规定，经营者不得以存在行政限定、行政授权以及行政规定为由，达成、实施垄断协议和滥用市场支配地位，否则，依照《工商行政管理机关禁止垄断协议行为的规定》《工商行政管理机关禁止滥用市场支配地位行为的规定》处理。可以看出，行政垄断受益经营者实施垄断行为的违法认定标准以及应当承担的法律责任与一般经济垄断中经营者行为违法认定标准与处罚并无二致。2019年国家市场监管总局颁布新的部门规章，废止了上述规定。国家市场监管总局于2019年出台的《禁止滥用行政权力排除、限制竞争行为暂行规定》中未提及参与行政垄断的受益经营者是否需要承担以及如何承担法律责任。

第三节　混合垄断现状

一、混合垄断的形成与特征

按照权威的观点，经济垄断（市场垄断），是指各国反垄断法一般所称的经济意义上的垄断，即大企业借助经济实力，单独或者合谋在生产、流通、服务领域限制、排斥或控制经济活动的行为；行政垄断，是指政府和政府部门滥用行政权力限制竞争。二者差异主要表现在实施主体和表现形式、形态的不同，在现实中经济垄断和行政垄断却常常混合在一起，形成混合垄断。这种混合垄断，既具有经济垄断的特点，又具有行政垄断的特征，主要表现在以下几点。

第一，存在滥用优势。混合垄断既存在经济优势的滥用，又存在行政优势的滥用，混合垄断行为或垄断状态的形成，无不来自一定的优势占有者，既是经济力的优势占有者，又是行政力的优势占有者。

第二，存在对竞争的严重限制。有效竞争理论最早由美国经济学家克拉克提出，史蒂芬与索斯尼克概括了有效竞争的15个标准。由经济垄断和行政垄断相结合形成的混合垄断者，利用经济优势和行政优势对竞争进行实质限制，几乎不可能期待有效竞争的状态的形成。

第三，存在较高的趋利目的。混合垄断者不论采用经济手段，还是行政手段限制竞争，其最终目的就是获得较高的、超额的利益，巩固已占有的市场地位。经济组织从事生产、经营的根本动力和最终目标是谋求利益；而行政垄断屡禁不绝的根本原因也在于地方政府部门行政利益的驱动。

第四，严重损害竞争者、消费者的利益，阻碍市场经济体制的建立。垄断是竞争的天敌，由经济垄断和行政垄断混合的垄断窒息了竞争。其中直接损害的是其他竞争对手的利益，以及与之相伴的消费者的利益。更为严重的是，不管以何种方式形成的垄断必然导致资源的不合理流动，最终破坏市场经济基本功能的发挥，阻碍市场的统一和开放。

自然垄断和行政垄断有着根本的区别。但在我国从计划经济体制到市场经济体制的转型过程中，二者似乎又分不开。自然垄断行业的一个主要特征是一家企业垄断经营比竞争更节约成本，更有效率，更有利于维护消费者利益，所以垄断经营有其存在的正当性和合理性。即使在成熟的市场体制下，也有其存在的必要性。而行政垄断则是必须由政府权力管住市场准入，如果放开经营，对市场准入不进行管制，实行自由化经营，行政垄断就会自然瓦解。行政垄断对于降低经营成本、提高经营效率没有必然意义，在大多数情况下是不合理的，违背了市场经济原则。

在我国，存在一些没有自然垄断性的行政垄断。这种垄断形式主要是计划经济体制的历史遗留问题、改革进程、部门保护等原因造成的。当自然垄断因技术进步、市场规模扩大、社会需求扩大等原因转变为非自然垄断后，如果还维持垄断状态，就变成了行政垄断。这时的垄断不仅不能降低成本、提高效率，还会降低效率，这样的垄断便不存在合理性了。另外，一个行业自然垄断性划分所存在的分歧也是利益使然。对于与垄断行业利益相关的利益集团来说，不维持行业的自然垄断性质，会从根本上损害其利益。自然垄断和行政垄断的纠缠不清，使问题更加复杂。

二、中国混合垄断的现状

（一）混合垄断的经济损失现状

根据经济学的寻租理论，垄断会扭曲资源有效配置，从而造成两类损失：一类是社会福利净损失，通常称为哈伯格三角形；另一类是消费者损失，即消费者转移给垄断生产者的剩余，又称为塔洛克四边形。从表面上看，消费者剩余只是财富的转移，并没有造成社会福利净损失。但是，塔洛克的研究表明，由于寻租和护租所造成的庞大成本，租金最终将会耗散，结果也造成了社会福利净损失。但是，根据哈伯格和莱本斯坦等人的研究，垄断所造成的社会福利净损失（哈伯格三角形）其实很小，因此主要损失是消费者的损失。

在中国，垄断所造成的租金可以分为两个部分：①在垄断价格中体现出来的消费者损失（塔洛克四边形）；②行业垄断部门巧立名目非法收取的各项费用。据权威人士估算，中国的混合垄断已经造成了巨大的经济损失，成为腐败所造成的经济损失的一个重要组成部分，且远远超过了政府官员贪污受贿所造成的经济损失，从而成为中国当前最严重的产生腐败的领域。由于混合垄断直接侵害了消费者的利益，已经引起了社会的广泛关注。

中国权威人士推测，目前中国的混合垄断不仅十分严重，在中国不断融入全球经济一体化体系的同时还会不断恶化。因此，"块块专政""条条专政"在今后相当长一段时期内仍将是中国行政垄断腐败的一个重要表现形式。

垄断租金为垄断行业企业的低效运营提供了条件。在我国，垄断行业企业的效率一般都比较低。根据刘树杰等人的研究，从1985—1996年，我国垄断行业劳动生产率的增长率大大低于全国平均水平。同时，垄断行业的职工平均工资水平大大高于全国职工平均工资水平。数据显示，1995—1999年，电力行业比其他行业每个职工多收入14294元，平均每年多收入2859元，该行业平均每年多支出工资额为79.1亿元。行业垄断所造成的巨额租金为这些垄断行业的低效运营和维持比较高的工资水平提供了充足的资金。

塔洛克的研究表明，租金最终将全部被耗散，从而成为社会福利净损失。但是从中国垄断行业租金的用途来看，还有一部分作为国有企业利润上缴国家，显然没有耗散，这其中似乎出现了矛盾。但是，深入的剖析可以使他们厘清这一困惑。根据刘树杰等人的研究，1996年的垄断行业价格与1985年相比均有大幅度上涨，而且上涨幅度大大高于通货膨胀率的情况下，我国电力工业资金利税率为7.33%，与1985年相比下降了54.58%；铁路运输亏损13.8亿元，与1985年营利64亿元相比，减利120%；市话亏损35.6亿元；邮政亏损70亿元。上述研究结果表明，垄断行业企业的利润在不断下降，而这恰恰验证了塔洛克关于租金最终将被耗散的判断。值得注意的是，垄断行业上缴的利润中还应该包括政府从国有资产投资中应该得到的回报。再考虑到政府多年来给予国有企业的大量补贴，以及所得税返还、减免等优惠政策，垄断行业企业不仅耗散了巨额租金，而且还消耗了大量的国家应得的财政收入。

从上面所列的垄断行业租金用途中我们可以发现，还有相当一部分租金被上缴给行业政府主管部门，成为这些部门办公支出、职工福利、基础设施建设（在各地建设各种宾馆、招待所、培训中心等）、组织出外旅游、干部出国考察旅游等非正式预算开支的一项重要来源。

根据形成混合垄断的两种垄断的根源可以知道，行政垄断和经济垄断产生的根源是行政权力和经济优势的恶性膨胀及滥用。在经济发展中，行政垄断与经济垄断相混合的危害要比经济垄断的危害更加严重。因为行政垄断是以行政强制力为后盾的，它往往是政府及其所属部门通过发布规章、命令、决定的方式来排除、限制企业之间的自由竞争，从而达到垄断的目的，具有鲜明的行政强制性和不可诉性，再利用经济优势形成经济垄断，其危害性更广泛、更严重。

（二）混合垄断的行政规制现状

第一，立法形式混乱，内容不协调，未形成统一有机联系的法律体系。《反垄断法》出台前，一些反行政垄断的相关规定散见于众多的法律、法规和规章中。诸多的反行政垄断的规定由于缺乏统一的立法依据作为指导，往往表现出中央与地方、地方与地方之间的规定不一致，甚至相互冲突。

第二，立法内容疏漏，缺乏实际操作性。法律是明确、普遍的规范，只有内容具体明晰的法律规范，才能具有良好的实际操作性，才能保障法律的顺利实施。当然，强调法律规范的明确性时应该同时强调法律内容的尽量完整性。无论是现行的反行政垄断的相关法律，还是新出台的《反垄断法》，对行政垄断的相关规定都采取了列举的形式，这在一定程度上保障了法律的可操作性，也在一定程度上产生了无法穷尽的弊端，从而使许多行政垄断的其他行为游离于法律的规制边缘，使行政垄断行为有机可乘。

第三，只注重行为方面的立法，忽视了体制方面的立法。现行规制行政垄断的相关法律都只注重对行政垄断行为本身进行禁止性规定，忽略和轻视了对导致行政垄断产生的行政垄断体制的制约。在自然垄断行业中，我们不应该只简单地针对已经发生了的行政垄断行为进行规制，而应该对产生行政垄断背后深藏的毒瘤进行根治。只有抓住了行政垄断体制这一根本，才能彻底瓦解行政垄断行为。多数法律是对行政垄断现象做出列举后禁止，没有从根本上改变导致行政垄断产生的行政权力运行机制。

第四,制裁性规范较少,缺乏法律威慑力。《反垄断法》出台前的反行政垄断立法绝大部分都只是禁止性规定,在法律责任部分亦只是规定了给予"责令其改正"的处罚,虽然也算是一种制裁手段,但并未对违法行政人员及公职人员做出物质或者精神上的实质性的处罚,只是一种内部处理,这种制裁力度明显是不够的。当行政主体实施行政行为的付出成本远远低于其预期收益时,行政垄断行为就找到了其存在的动力。

三、中国混合垄断形成的原因

(一)一体化的垂直垄断

我国自然垄断环节与附着在自然垄断环节之上的可竞争环节为同一个行政管理部门或行业所拥有,实行一揽子统一管理或经营。这就使自然垄断性质所决定的由一家企业提供全部产品其平均成本最低的优势,不仅被非自然垄断环节实行垄断经营所带来的低效率全部抵消,而且还增加了成本。

(二)较多的行政干涉

在我国处于自然垄断地位的多为国有独资或国家控股企业,一些承担着行政管理或资本控股职能的公司甚至直接就是政府部门,他们既是行业的管理者也是经营者。虽然,近年来我国对垄断行业实施了旨在打破垄断、培育竞争的诸多改革举措,但目前我国垄断行业依然受到较多的行政干涉。

(三)多元的经营目标

与一般竞争性行业相比较,我国自然垄断行业的经营目标多元性更突出,除了要追求利润最大化,还要兼顾国家的一些其他带有公共性的目标。如农村电网改造是国家改善农业生产环境,促进农村脱贫致富的重大举措,带有行业垄断性质的电力行业就会无条件地配合我国政府来实现这一目标。

(四)较强的国家计划约束

我国自然垄断行业的资源配置往往带有较强的计划性,要投资什么项目往往不是由垄断行业自主决定的,在许多情况下,要经过政府部门的周密论证和严格审批。因此,自然垄断行业的许多投资项目不是其自主决策,而是政府部门的计划安排。

另外，我国自然垄断行业产品价格的行政指令性较强。虽然近年来已在一些行业实施了放松价格管制的改革，但大多数自然垄断行业的价格基本还是由国家计划部门确定或制定指导价格。

四、基于混合垄断协议的执法建议

我国《反垄断法》自2008年实施至今，反垄断执法水平已有大幅提升。但是《反垄断法》本身具有模糊性、反垄断案件具有复杂性、执法资源短缺仍是亟待解决的问题。我国反垄断执法经验仍需长时间的积累。由我国查处的一些纵向垄断协议案件可以看出，我国反垄断执法机构在面对复杂的垄断协议案件时，缺乏对经营者上下游关系的整体把握，针对案件行为的分析思路较为模糊，分析程度有所欠缺，并且，行为定性和分析的不足直接影响到执法机构对违法企业的责任认定。下面从混合垄断协议的定性、分析方面，尝试对我国的反垄断执法提出建议。

（一）混合垄断协议的定性

1. 对横向关系和纵向关系的全面调查

垄断协议的横向或纵向性质并非总是那么泾渭分明，在此情况下，执法机构除了调查上游经营者与下游经营者之间的纵向协议之外，还应当对上游或下游处于横向关系的经营者进行基础的调查，尤其是上游生产商同时与经销商达成并实施纵向垄断协议时，对上游生产商横向共谋的调查尤为必要。为了增强调查的可操作性，若上游经营者或下游经营者数目众多，执法机构可以针对某一省或某一块地域市场中的经营者进行调查，或通过价格信息锁定经营者范围。另外，也可以通过调取工商信息查询经营者是否有共同股东或实际控制人，从而锁定经营者范围。

2. 分析纵向经营者对横向垄断协议的作用

混合垄断协议同时包含着横向垄断协议和纵向垄断协议，处于纵向关系的经营者扮演着"信息中转站"的角色。在实际案件当中，"信息中转站"可以表现为以下几种形式：①纵向关系中的经营者仅为信息交换的载体，在该类情况下，纵向关系中的经营者往往处于弱势的地位，只能被动接受上游或者下游经营者施加的价格维持协议，横向关系中的经营者通过纵向关系中的经营者的经营行为表现出的价格信息陆续与其签订纵向价格协议，从而达成横向垄断协议。②纵向关系中的经营者具备一定的议价地位，而横向关系中的经营者数量较多，在此情况下，横向关系中市场份额较大的经营者便与纵向关系中的经营者进行协商签订类似MFN（最惠国待遇）条款的价格最优条款，从而固定横向关系中经营者的定价。

3. 利用纵向关系调查横向垄断协议

横向垄断协议的调查难点不在于行为认定，而在于证据的搜集，原因就在于横向关系中的经营者可以通过默示的协同达成共谋。混合垄断协议的提出实际上为执法机构调查横向垄断协议提供了一种思路，即执法机构在横向垄断协议的调查陷入僵局时，可以尝试从纵向关系中经营者的共同上游企业或下游企业入手，调查横向关系中的经营者是否与共同上游企业或下游企业签订固定价格或维持最低转售价格的协议。纵向关系不失为调查横向共谋的重要线索。

（二）混合垄断协议的分析

对于从美国判例衍生出的合理规则和本身违法规则对中国反垄断执法的借鉴意义，一些学者的观点不尽相同。有学者认为，合理规则对我国《反垄断法》第14条的实施具有借鉴意义；也有学者认为，合理规则并不优于中国和欧盟等司法辖区采用的"禁止+豁免"原则；还有学者认为，合理规则分析与中国、欧盟等司法辖区适用的"禁止+豁免"原则并无本质不同。本书较为赞同第三类观点，倾向于认为反垄断法的重点不在于表面的条文规定，而在于内在的损害机理。无论是"禁止+豁免"的规制模式，还是本身违法规则和合理规则，机理都在于分析违法行为对市场和消费者的影响。"禁止+豁免"的规制模式中，定性离不开对违法行为的损害分析，豁免理由的适用则建立在行为效果分析与权衡的基础之上，从该角度来说，"禁止+豁免"的规制模式与本身违法规则和合理规则分析模式本质上是一致的。

1. 整体考量经营者的横纵关系

混合垄断协议与一般垄断协议最大的不同在于其同时涵盖横向经营者与纵向经营者，也就同时涵盖了本身违法规则和合理规则。我国虽无关于本身违法规则和合理规则的明文规定，但遵照反垄断法的立法目的和"禁止+豁免"规制模式的内在机理，执法机构仍需对经营者行为进行不同程度的分析。在混合垄断协议定性的基础上，整体考量经营者的横纵关系，能够便于执法机构基本了解混合垄断协议的效果以及经营者的作用。

2. 个案分析并确定混合垄断协议的分析规则

反垄断案件的最大魅力在于每个案件的案情都不相同，即使涉嫌同一类垄断行为，经营者的行为表征也不完全相同。混合垄断协议同时涵盖横向限制和纵向限制，执法机构和法院在实际案件中不宜直接适用本身违法规则对混合垄断协议进行分析，而是要根据经营者的具体行为确定分析规则。由于横向价格垄断协议显著导致产品价格上涨或质量下降且对于市场和消费者几乎毫无益处，适用本身违法规则分析并无太多争议。影响混合垄断协议分析规则适用的关键，在于纵向关系中经营者的行为对垄断协议的效果产生怎样的作用。针对混合垄断协议应适用本身违法规则还是合理规则，可综合混合垄断协议是否涉及品牌间竞争、所涉生产商市场份额、组织者经营范围以及纵向经营者的市场势力来判定混合垄断协议对竞争的影响，从而确定适用本身违法规则还是合理规则。

3. 注重案件分析的说理性

适用合理规则不意味着对经营者行为促进竞争效果和反竞争效果的分析都要面面俱到，适用本身违法规则亦不意味着法院或执法机构就可以跳过对案件细节的分析直接认定经营者违反反垄断法。合理规则分析的核心要求在于"权衡"，本身违法规则的核心要求在于"定性"，只要案件的分析说理能够满足规则的核心要求便可谓充分。

我国反垄断执法机构在查处案件时，在厘清思路的基础上，还应当结合案情，提高分析的说理性，而非单纯列举经营者行为对市场竞争和消费者利益的负面影响。经大量的实践检验和学术研究表明，纵向垄断协议可在诸多方面加强市场竞争并造福于消费者。

第三章 垄断与反垄断的经济分析

想要建立健全统一开放、良性竞争的现代市场体系,对竞争法的法制建设刻不容缓,这也日益显现出研究垄断与反垄断的重要性。经过对经济法中的垄断与反垄断的研究,可以对相关制度进行完善,从而推动现代市场体系的建设与发展,这也是我国市场经济发展以及现代化目标实现的关键途径。本章包含不同市场结构的绩效、垄断的效率损失与危害、政府对垄断的规制与管理三部分。

第一节 不同市场结构的绩效

一、国内外市场结构与绩效相关研究

(一)国外市场结构与绩效研究

产业组织是指同一产业内的企业之间的市场关系与组织关系,反映产业内所有企业之间的竞争关系与垄断关系。产业组织理论的研究对象是市场和企业,从市场的角度研究市场内企业的行为以及从企业的角度来分析市场结构。产业组织理论以提高经济效率以及合理配置资源为目标,研究如何在给定的条件下,使内部资源配置达到最优,实现理想的市场绩效。市场结构是一个市场上的交易各方之间、市场上已有的交易者与可能的进入者之间在交易和市场利益的分配等方面存在的市场关系。市场结构与绩效的关系一直是产业组织研究的热点问题。有关市场结构与市场绩效的关系,国外学者的研究开始较早,主要集中于银行业和机械工业,而观点大致分为市场力量假说和效率结构假说。

有些学者认为,市场力量假说和效率结构假说的存在是有条件的,不同行业、不同时期的结果也不一样;也有学者认为,市场集中度与利润率只有在集中度超

过 50% 时，才存在正相关关系；还有学者指出两种假说在一个行业中可能同时存在。例如，有学者对阿联酋、科威特两国的银行业在 1999—2002 年的数据进行研究发现，在这两个国家的银行业中分别存在效率结构假说和市场力量假说；然而在对 1989—1996 年马来西亚的银行业进行研究时发现，市场集中度虽然影响利润率但仍然没有足够证据证实传统共谋假说的存在，认为两种假说在马来西亚银行业均不成立。

（二）国内市场结构与绩效研究

国内学者对产业组织与产业结构的应用领域研究较为广泛，从行业、企业等多种角度对市场结构与绩效关系进行研究。

有的学者认为市场结构对绩效具有明显的正相关，即较高的集中度对利润率产生正向效应。李晓钟和张小蒂研究了我国汽车业市场结构与绩效，结果显示我国汽车业已逐渐从竞争型转向中下集中寡占型市场结构，汽车业的市场集中度与绩效表现为显著正相关关系。李志强等人用市场集中度和进入壁垒指标分析煤炭产业的市场结构，利用安全绩效、行业利润率等分析市场绩效，然后运用灰色关联分析模型分析市场结构与市场绩效的关系，得出在煤炭产业中，市场集中度与利润率的关系较紧密，同时进入壁垒与安全绩效的关系较为密切。

而支持效率结构假说的学者，如杜佐岭、李加明在分析安徽省保险业中介市场时认为，市场份额与绩效显著正相关，而市场集中度与绩效呈负相关，认为效率结构假说成立，效率较高的企业将更容易占据较大的市场份额，从而为企业带来更高的利润；卢柳航构建计量模型对我国银行业的市场结构与市场绩效的关系进行了实证检验，结果显示市场集中度对银行的绩效呈负向影响，表明我国不存在市场力量假说，但是在对股份制商业银行的回归分析中发现，市场份额对其绩效有正向影响，效率结构假说在股份制商业银行中是存在的。

（三）市场结构影响因素的研究

市场结构受到很多因素的影响，产业集中度（市场集中度）是市场结构的首要决定因素，对产业集中度影响因素的研究成为市场结构影响因素研究的重要内容。

1. 技术创新

技术创新对产业集中度的影响是双向的，一方面，企业通过技术上的竞争优势,降低进入壁垒,使产业集中度下降;另一方面,企业凭借技术创新可以提高市场份额、扩大规模,使产业集中度提高。所以,技术创新与市场结构是相互影响的关系。

2. 产品差异化

产品差异化对市场结构的影响具有双重效应,一方面,产品差异化会降低在位厂商之间的竞争程度;另一方面,产品差异化会产生进入壁垒。研究发现市场规模越大,市场份额波动程度越大,这种关系会随着产品差异化(广告、研发)的增强而减弱。

3. 进入壁垒

有学者认为进入壁垒可以直接影响市场结构,也可以通过影响企业行为间接影响市场结构,进入壁垒与利润率显著相关。他以美国制造业作为研究对象,发现沉没成本与市场集中度正相关。还有一些学者利用动态模型进行分析,发现厂商的进入和退出受到未来利润预期的影响,市场结构是由生产厂商的进入和退出决定的。

4. 外商直接投资

一般认为跨国公司进入东道国后,会提高市场进入壁垒,提高产业集中度。弗农提出产品生命周期理论,认为直接投资进入东道国后会凭借自身优势获得垄断地位,逐渐转为寡头垄断,最终形成有效竞争。

5. 进出口因素

学者对于进出口对市场集中度影响结论不一致。有学者研究显示,出口降低了中国台湾地区的市场集中度,进口提高了市场集中度。还有学者对新西兰109个制造业市场集中度进行研究,发现进口对以CR4(行业前4名份额集中度指标)表示的市场集中度水平及其动态变化具有显著的负向影响,对以HHI指数(赫芬达尔-赫希曼指数)表示的市场集中度的影响不明显。

6. 并购因素

部分研究人员认为第一次并购浪潮形成了垄断型市场结构,第二次并购浪潮形成了寡头垄断型市场结构。有学者提出英国20世纪初到20世纪60年代产业集中度变化的主要推动力是并购,并认为并购是影响市场结构的重要因素。

二、市场结构与绩效分析相关理论

（一）效率结构假说

市场结构理论静态单向且过于强调市场结构因素，其理论与分析框架不断受到批评与质疑，在产业组织理论的争论中芝加哥学派开始崛起。芝加哥学派提出效率结构假说，他们认为市场力量假说过于强调市场结构的作用，忽视了效率与绩效之间的关系。效率结构假说从效率层面研究绩效与市场结构的关系，认为市场结构由企业效率决定，企业高水平的经营效率使得公司获得超额利润，进而使得企业规模扩大，市场份额不断上升，形成高度集中的市场结构。市场结构是由企业效率和企业行为所决定，市场结构与绩效之间存在着伪相关关系。效率结构假说因为形成效率原因的不同分为X效率结构假说和规模效率结构假说两种。

1.X效率结构假说

X效率结构假说认为是企业技术效率水平的提高使得企业具有更低的生产成本，获得超额利润和更多的市场份额，进而形成较高的市场集中度。X效率结构假说将企业绩效提高的原因主要归结于技术以及管理能力的提高所导致的企业经营效率的提高。

2.规模效率结构假说

规模效率结构假说认为即使纯技术效率相同，企业的规模经济效率也并不完全一致，处于最优生产规模的企业成本最低，利润最高，相应地也拥有更大的市场份额和市场集中度。

（二）市场力量假说

市场力量假说包括传统的结构行为绩效假说（SCP假说）和相对市场力量假说。传统的SCP假说最早由贝恩提出，他强调结构的决定作用，即认为市场结构决定市场行为，市场行为决定市场绩效。他指出集中度与绩效之间存在正相关的关系，即在垄断市场中，由于市场集中度较高，市场竞争不充分，减少了企业之间的合谋成本，能够轻易利用市场力量获取超额利润，从而提高企业的利润率。由于这种市场结构与绩效关系理论是根据企业间存不存在合谋关系来判断的，因此该假说也被称为"共谋假说"。

第二节 垄断的效率损失与危害

一、垄断的效率损失

（一）垄断效率损失主要由行政垄断导致

如果消费者需求能得到更好地满足，那么垄断并不会造成多大危害。只要存在进入市场的潜在竞争性力量，垄断地位必然不会持久，垄断行为也会受到一定的制约。只有当垄断拥有一种在其原有垄断优势消失后仍能维持其垄断地位的特殊权力时，才会威胁到实质竞争过程，阻碍经济增长。抑制竞争与没有竞争相比，显得更为严重。如果不存在某种强制力量似乎不可能出现完全没有竞争的情况。限制竞争力量自由进入市场才是真正危害经济效率和技术进步的反竞争行为。

事实上，能够在垄断初始优势地位消逝以后继续维持并保护其垄断地位的那种非自然能力，才是真正造成垄断威胁经济效率的根源。显然，丧失竞争优势仍然保持垄断地位的能力与政府的保护措施密切相关。由政治权力人为设置的排他性生成的行政垄断才是最糟糕的垄断。这种垄断对经济活力的打击才是致命的。

政府可以通过制定各种政策、颁布相关法令或规章等来对市场竞争行为进行限制。这些规制行为均会对市场过程中的动态竞争造成扭曲。因此，行政垄断构成了市场进入的真正壁垒，从而阻碍市场竞争，导致经济效率低下。

行政垄断有可能对竞争市场过程构成致命威胁，真正妨碍经济效率和技术进步。行政垄断对市场进入的强制性禁止和限制，会导致替代性产品的完全或部分消除，解除潜在竞争的威胁。在现实市场中，行政垄断能够直接排除潜在竞争和实际竞争。这是由于政府介入能够产生潜在竞争者无法自由进出市场的壁垒，从而破坏了竞争过程，阻碍了企业家精神的释放和企业家行为的实施。行政垄断就是源于政府人为设置的市场进入壁垒。也正是这种超经济壁垒使得潜在竞争者进入市场的成本趋于无穷大，阻碍和排除了竞争活动。

最为严重的问题是，如果利润机会正好存在于政府规制禁止或限制的地方，那么企业家也许永远无法真正发现，这一损失将无法估量。如果行政垄断企业一直处于垄断地位，能够持续获取超额利润，那么竞争过程将无法展开。只有给予经济主体自由进入市场的权利,才能保证潜在利润机会的发现。政府通过设置进入壁垒的方式维持垄断、排除市场竞争的行为,必然直接对竞争过程和经济的持续增长产生破坏性影响,也必然导致一系列的垄断问题。比如,供给长期不足、服务质量低劣、消费者利益严重受损、产业结构自发调整延缓等。由此行政垄断必然降低社会资源配置效率,不仅会阻碍市场竞争,恶化市场秩序,而且还会滋生腐败现象。

(二)自然垄断同样可导致垄断效率损失

假定开始时,自然垄断厂商按照垄断价格(P^*)和垄断数量(y^*)销售。当变动为竞争市场时,原有的销售数量(y^*)要按更低的竞争价格出售,导致生产者剩余减少了面积 A。又因为竞争市场会出售额外的产量,产生额外的利润,故垄断厂商的剩余增加面积 C。因此,垄断厂商从垄断市场到竞争市场的生产者福利变化为(-A+C)。而对消费者来说,消费者剩余增加了面积 A,额外出售的产量又使得消费者剩余增加了面积 B,总的消费者福利变化为(+A+B)。

通过加总生产者和消费者剩余的变化可知,总的福利变化为(+B+C),其中面积 A 只是从垄断厂商转移给消费者,总剩余没有变化,而面积(+B+C)则代表真正增加的剩余,表示自然垄断的额外损失。

自然垄断作为一种特殊的垄断,厂商存在着双重责任,既要追求经济目标,又要追求公共目标,两者之间存在一定的矛盾与冲突,在发展过程中会不断涌现一些问题,主要有以下几点。

1. 利用垄断地位损害消费者利益

由于自然垄断行业中通常只存在一家企业,该企业处于垄断地位,可以通过更高的垄断价格和更少的供给量来剥夺消费者利益,从而为企业攫取高额利润。价格歧视和拒绝交易的做法都将严重损害消费者的利益。

2. 缺乏竞争的压力使经济效率低下

首先,自然垄断行业的进入门槛很高,一旦形成垄断企业,其他企业便很难再进入这一领域,这就使得现有的垄断企业总是能获得长期的垄断利润。其次,由于垄断企业是信息的优势方,可以利用信息误导政府,从中谋取利润。它们会共同导致自然垄断企业缺乏自我提升激励,甚至出现技术进步停滞、经济效率低下。

3. 政企不分，过分依赖政府的补贴

一般而言，自然垄断行业都带有公益性的色彩，所以政府往往会对部分自然垄断行业进行财政补贴以供其顺利成长与发展。然而，这一做法反过来导致了自然垄断行业对国家财政过分依赖，给财政带来了巨大的压力。

二、垄断的危害

（一）垄断阻碍市场竞争与发展

在市场过程理论看来，市场是一个通过企业家争胜竞争过程不断发现和利用知识的开放过程。而在政府保护伞下的垄断（特别是行政垄断）下，可以通过禁止潜在竞争者进入市场的方式来避免争胜竞争，维护自身的垄断权势。虽然通过实施规制，政府自身也能够获取垄断收益，这事实上却形成了市场运行过程中的巨额成本。

第一，垄断使人们永远无法正确估计。在没有政府介入的情况下市场的运行过程会出现"没有被发现的过程"。垄断的存在主要依靠政府庇护与规制，而政府实施微观经济规制的前提是如果不借助规制，市场将无法实现理想状态。这一前提对市场过程充满了不信任，拒绝了市场能够自动发现解决问题思路的观点。垄断的存在可以说是因为对市场发现过程存在误解，未能真正理解市场具有发现知识的功能。他们认为市场已经发现了所有值得发现的东西，同时政府官员恰好具备所有的信息并且能够合理利用，这是一种错误的理解。另外，相信可以通过有意识的规制行为就能够控制垄断问题，却没有意识到市场过程变化如此快，以至于无法正确获知所有错误的信息，更没有意识到市场自身就具有发现和协调的功能。这些错误的根源，在于不相信市场过程具有消除无效率问题的趋势。不完全知识的存在恰巧表明市场中依然有尚未被利用的机会，依然有企业家创造利润的空间。市场过程本身就具有使未被发现的利润机会逐渐被发现和利用的倾向，这是资源得以妥善配置的过程。为维持垄断，政府对微观经济活动的介入，会导致企业家发现的市场过程受到阻碍，使得许多市场机会可能无法得以发现，因此阻碍了经济增长。

第二，垄断的存在可能会阻止或窒息利润的发现过程，会导致"被窒息的发现过程"。比如禁止合并或者进入、实施价格上限与价格下限管理等，都可能会阻挠企业家对已发现的利润机会采取现实行动。垄断可以限制竞争对手的进入，这样会阻碍市场竞争过程，阻碍企业家通过发现多种有效而灵活的方式去解决问题的动态过程。因此，垄断可能会窒息企业家的发现和创新精神，严重阻碍甚至窒息市场的自发发现过程，利润机会可能永远也不会被发现。如此一来，在争胜竞争活动受到压制的情况下，经济增长过程必然受到制约。

另外，价格上限规制可能会造成人为短缺的现象，因为如果没有价格规制，潜在利润机会能够激励和诱惑企业家去发现那些不为人知的机会，而价格下限规制则有可能产生虚假的剩余现象。同时，限制合并的反垄断政策可能会妨碍利用范围经济和规模经济来发现并利用市场机会的过程。垄断的种种特权，总倾向于阻碍或窒息企业家追逐利润机会，从而阻碍了新方法、新材料、新产品以及新的组织方式等的产生，成为经济发展的绊脚石。

第三，为了维持垄断，政府通常需要制定各种规制决策。但是由于政府决策者缺乏企业家激励，所制定的规制决策通常无法利用尚未发现的机会，不能起到改善社会境况的作用，因此会出现"不能模拟的发现过程"。价格上限与价格下限、颁布质量规定以及其他限制条件等是政府规制通常采取的决策形式。其目的是使市场活动保持在"理想"的水平和渠道上。然而现实问题是政府官员虽然具有良好的意愿，但是他们如何知道什么水平的规制价格能够激发市场参与者理想、正确的行动呢？如何知道应该制定怎样的价格水平、要求的质量和条件是什么呢？如何知道之前的决策是错误的，又应该怎样改善呢？规制者对资源所有者准备接受的价格，或者对消费者准备支付的价格所进行的评估并非基于利润驱动，不能真实反映企业家因追逐利润而产生的激励。塔洛克研究认为，政府复杂的管理方法使其无法获取决策所需的有效信息。如果不借助市场过程发现与利用分散的知识，政府根本就没法获取需要的所有信息。

从米塞斯、哈耶克等学者有关社会主义计划经济问题的讨论中，也可以发现市场过程本身是政府无法模拟和复制的，动态市场发现过程也无法被任何人为创造的机制所取代。政府做不到理性地设计出合适的激励机制去促使企业家不断发现和扩散知识，并抓住其中的利润机会。政府试图在没有市场的情况下模拟市场经济，改善市场绩效的想法是不现实的，也是极具危害性的。比如不是通过自发市场过程，而是试图通过中央计划来寻求社会效率，希望借助外在的、有意识的规制行动控制自发市场的结果，必然会导致不理想和无法预期的后果产生。

人们需要但是现在依然未知的知识，只能通过市场过程才能发现，因此，社会工程师试图寻求减轻或者替代自由市场结果的美好愿望，只能是一厢情愿的痴心妄想。由于对市场结果的不满，政府可能会通过规制将市场活动限定在其期望的渠道和价格水平上。政府要实施规制必须事先准确知道市场将来的信息与知识，才能提高市场绩效，这显然是不可能的。因为规制活动所需的有关信息本身只能在真实时间维度的市场经济不断发展的过程中才能逐渐被发现和扩散。比如实施价格规制时所需要的之前的决策是否错误、价格水平高低、如何发现改善资源配置机会等信息，就无法事先预知。政府规制实施过程中所需要的信息，其产生过程与具体时间、场景和过程是相互依赖的，这些知识是分散的、默示的、私人的、具体场景的，任何机构都没法做到全部获取并整合这些知识，并同时根据这些知识对市场经济实施理所当然的规制。除了依靠市场过程，没有其他任何路径和渠道可以让这些知识显示和暴露出来，任何人为机制都无法给规制者提供他们所需要的信息。如果规制者不了解他们尚未知道的东西，他们又怎么知道需要去发现什么信息呢？哈耶克认为由内部规则形成的自发秩序要比政府组织更有利于有效利用分散化的知识。他还特别指出政府组织在面临分散的知识时是那么无能为力。

新古典经济学一直忽略价格机制的信息发现作用。事实上，市场价格具有非常重要的功能，它可以发现和扩散信息。在存在政府规制的情况下，政府无法模拟不受规制时的市场发现过程，不能替代市场的发现程序。有时动态效率的源泉可能就是静态无效率。在市场过程理论的视野里，价格可以被看作复杂的信息工具，不仅不是不完善的，而且具有合适的反馈机制，可以促使企业家不断矫正自身行为，从而推动市场过程实现动态效率。

第四，对垄断的规制可能会创造出新的、不必要的利润机会，影响市场过程，而这一市场本来在不受规制的市场中是不存在的，即会出现"完全多余的发现过程"。对垄断的规制会影响利润机会的重新安排，一方面可能会减少甚至消除原先可能存在的利润机会，另一方面又可能人为创造一些多余的利润机会。政府对市场以及垄断的介入，必然诱发新的企业家行动，这可能是政府无法掌握的，甚至会产生难以预期的结果。政府规制所造成的人为壁垒，正是导致寻租活动产生的源泉。如此一来，企业家可能发现相对于努力创新，寻租也许获利更快，也更容易。因此，企业家就完全有可能会由追求利润的创新活动转向以追求租金为目的的寻租活动，如此一来，不仅会导致资源配置效率的扭曲，而且还会滋生大量的政府腐败问题，实际增加了市场运行的成本。

总之，垄断的实质是阻挠了竞争和发现过程，破坏了市场过程，给信息和知识传递的真实性造成了干扰。这不仅会扭曲资源配置，进而产生静态的损失，而且还会由于阻碍了企业家在争胜竞争的市场过程中所释放的动态效率而抑制企业家发现利润机会的积极性。其严重后果在于威胁争胜竞争的市场过程,阻碍了企业家发挥发现知识与利用利润机会的热情与潜能,破坏企业家自发纠正错误和进行协调的作用,妨碍企业家精神的发挥和企业家行动的实施,这事实上就是堵塞了经济增长的源泉。

(二)垄断抑制创新活动

垄断对市场竞争过程和发现过程的阻碍,在现实生活中的具体体现,就是对创新的阻碍和抑制。市场过程中具体创新活动需要依靠企业家自身的知识以及不断在市场中发现的新知识,而垄断往往会窒息与扼杀企业家精神和企业家发现知识与传播知识的活动,制约甚至扼杀可以展现市场功能和市场优势的企业家行动。柯兹纳也曾指出垄断会对创新机会的发现产生不良影响。由于垄断的存在,消费者的需求变化被注意到的时候会更晚,技术创新出现并被采用速度也会更慢。如此一来,实质上是堵塞了财富增长的源泉,减缓或者阻碍了经济增长。从某种意义上说,垄断造成的真正损失是未被发现的创新,这种损失是无法正确估量的。垄断抑制了竞争性发现过程,阻碍了技术创新的出现,严重损害了经济自由和经济效率,尤其是创新带来的动态效率。

第三节 政府对垄断的规制与管理

一、政府对垄断的规制

(一)政府对行政垄断的规制

1.政府对行政垄断法律规制的困境

(1)《反垄断法》中存在的问题

近年来,地方许多行政垄断案件被陆续曝光并查处,对这些案子的处理结果表明,我国反行政垄断工作颇有成效。其中《反垄断法》作为我国遏制垄断的主要法律,在行政垄断的规范和治理方面功不可没,它通过条文对行政垄断行为做出许多禁止性的规范,起到了有效的制止和打击效果。但目前的《反垄断法》仍存在缺陷,关于行政垄断的规定较为笼统,条文相对分散,严格控制和防范行政垄断的效力也稍显薄弱。其中，第51条中关于法律责任的局限性最为明显，亟须加以调整和完善。

《反垄断法》第51条的第1款："政府部门或机关和法律规范授权的具有公共管理性质和职能的单位或组织滥用行政权力，干预、限制市场竞争的，由其隶属的上级命令其纠正；对主要责任人员和直接负责的人进行行政处分。同时反垄断执法机构可以据此向违法机关的上级提出处理建议，要求依法惩处。"第2款规定："法律法规对上述主体的处理有其他规定的，按照其规定。"这两条构成了我国《反垄断法》中关于行政垄断法律责任的全部规定。但面对复杂的行政垄断行为，这些规定显然过于笼统和单薄，仍然存在着缺陷和不足。

（2）其他法律法规中存在的问题

除《反垄断法》外，我国的《反不正当竞争法》《行政诉讼法》《中华人民共和国行政复议法》和其他法律、地方法规中对行政垄断行为也有相关规定，对反行政垄断起到了一定的积极作用，但由于条文内容笼统、法条零散，仍存在不足之处，需要改进。

第一，关于行政垄断的规定较为分散，难以形成完整的法律法规体系，影响规制的效力。目前，我国规制行政垄断的法律法规尚未形成健全的体系，《反垄断法》中有关行政垄断的概念、形式、法律责任等规定也是分散于不同章节之中，其他法律法规中的规定则更为零散，除在《反不正当竞争法》《行政诉讼法》等相关法律中有个别法律条文的规定，更多的是以法规、规章、政策性文件等形式直接加以规定。这种立法状态易造成法律法规之间的重复、竞争，甚至冲突的问题，损害了反垄断法律体系的统一性，也给法律法规的适用和执行带来不便，直接影响对行政垄断的规制效果。

第二，关于行政垄断的条文多为原则性、指导性的规定，较为笼统和抽象，缺少可操作性。

（3）执法机构存在的问题

第一，随着经济社会的进步，行政垄断的案件情况日益复杂，涉及的行为方式也是各种各样的，在管辖权冲突的情况下，复杂的行政垄断案件究竟归谁管辖，目前法律法规没有给予明确界定，现实中的做法大多是依据行政惯例来确定执法机构，任意性太强。

第二，这种冲突还可能造成执法机构之间相互推诿的行政"不作为"现象发生，不仅降低了案件的执法效率，而且会给行政机关"执法为民"的形象造成负面影响。即使没有相互推诿，但在处理行政垄断案件时需要三家机构之间的协调和配合，沟通的过程也会耗费大量的人力和物力，延长案件的执行时间，降低工作效率。所以尽快设立独立性强、高效权威的反行政垄断执法机构十分必要。

2. 完善政府行政垄断法律规制的建议

（1）明确界定行政垄断

《反垄断法》的价值目标是防止垄断，并非全盘否定所有排除、限制竞争的行为，只有对经济发展产生负面作用的垄断行为才进行规制，行政垄断亦是如此。对行政垄断负面性的判断主要依据合理规则对相关行为进行考量，但这种行政垄断行为在客观上也是一种行政违法行为，滥用行政权力就是对这种行政违法行为的概括，所以应当将"滥用行政权力"修改为"采用行政违法行为"，即行政机关和法律法规授权的具有管理公共事务职能的组织不得采用行政违法行为排除限制竞争。

行政违法行为主要有六种，分别是主要证据不足、适用法律法规错误、超越职权、滥用职权、明显不当、违反法定程序。主要证据不足和适用法律法规错误在行政垄断中适用的可能性很小，所以对其不再进行详细介绍。超越职权主要指行使行政权力超越法律规定的范围，没有法律依据，主要包括没有主体资格、超越事务范围、超越管辖权范围等；滥用职权是指不合理地使用自由裁量权，在主观上强调行政主体故意违反法律目的；明显不当是行政机关在职权范围内行使权力，但是不正当行使造成明显不合理的后果；违反法定程序是指行政机关没有按照法律规定的程序来行使行政权力。

在实践中，不仅仅是滥用职权可以构成行政垄断，其他的行政违法行为也可以构成行政垄断，就如超越职权行为，法律没有明确赋予相关权力，有些行政机关对市场进行非法的干预，对自由竞争造成限制，在反垄断法领域造成了行政垄断。除此之外的其他行政违法行为如果在反垄断法领域限制了自由竞争，也会造成行政垄断。

综上，应当将"滥用行政权力"修改为"采用行政违法行为"，并且表明行政违法行为主要包括以上四种情形。

如此规定，一方面能够明确行政机关相关行为的违法性，对行政垄断的构成要件有明确的界定，避免因滥用行政权力界定模糊给司法和执法带来一定困扰，给理论界带来一定的困惑；另一方面严格追究相关主体的法律责任，这种规定能对行政机关扰乱市场竞争秩序的行为做出相应的制衡，既对行政机关为了弥补市场失灵而对其进行干预的行为予以积极的肯定，又明确了行政机关行使行政权力的界限，能够更加完善对行政垄断现象的规制。

（2）严格规定行政垄断的法律责任

①扩大行政垄断的法律责任主体。

在行政垄断中往往会存在一个或者几个有限的经营者受益，这些受益的经营者可能就是行政垄断实施的背后推动者，也可能只是单纯的受益方。但是无论是何种情况，这些经营者都是通过政府某种行政垄断行为获取巨大的本不属于他们的市场利益。不仅如此，在他们受益的同时往往会有其他众多的市场经营机构和消费者的利益受到损害。在研究规制行政垄断行为时必须要考虑这些通过行政垄断获利的经营者，将其作为行政垄断法律关系的主体之一，因为这些经营者不仅是行政垄断的受益方，也是行政垄断具体的实施者，经营者的某些市场行为往往与行政垄断行为紧密相关，最后的结果也与这些经营者有关。

受益的经营者往往受到政府的特殊照顾，从共同实施的违法行为中获取不正当利益，他们虽然不是决策者但是参与其中，法律责任方面不应将其排除在外，二者之间存在某种特殊的关联是毋庸置疑的事实，所以在设定法律责任时必须考虑所有的违法主体，对其同等对待，《反垄断法》应当设定受益经营者的法律责任。目前《反垄断法》忽略了这一主体的法律责任，但是无论是其仅为单纯的受益方还是行政垄断行为背后的推动方，其都通过行政垄断行为获利，并且这种利益并不是正当的，所以有必要对其进行规制。

②丰富行政垄断的法律责任形式。

第一，关于法律责任的相关规定必须要具有逻辑性和严密性，而且还要避免框架性的立法。如果一部法律没有健全的责任体系，那么这部法律就不可能得到有效的实施，违法现象就不能受到惩治，法律的权威自然会受到威胁。《反垄断法》仅仅规定行政责任并不适宜，不仅会使行政垄断活动不能被有效控制，而且难以真正规制行政垄断，行政机关可能为了巨额利益实施更多行政垄断行为。

第二，细化行政责任的规定。要想充分发挥法律责任的作用，更有力地打击行政垄断行为，就很有必要制定更加科学和有效的行政责任规定。

首先，完善行政责任规定要从两个方面入手，即事前预防与事后惩治，但《反垄断法》只规定了事后惩治，如"责令改正、依法处罚"，却遗漏了最重要的环节，即事前预防。这种设置方式本身就具有不合理性，要想让其发挥作用会有一定的难度。因此，细化行政责任是一项迫在眉睫的任务，要尽可能采取各种手段在萌芽阶段就开始治理行政垄断。其次，执法权应重新分配，将其分配给执法机构，有效惩处行政垄断。例如，对情节比较轻微的行政垄断行为，对收益的经营者可采用劝告、发布禁止令的形式；对于情节比较严重、危害较大的行政垄断行为，罚款、没收违法所得等措施就很有必要。此外，对主要责任人员的处罚也应做出相应调整，如向权力机关提建议罢免实施违法行为人的职务；对其违法行为所获得的非法收益进行收缴、追款；对有损失的受害人还应当要求根据受害人损失的大小做出相应的赔偿。

第三，增加民事责任的规定。民事责任之所以会有缺失，究其原因可能与行政垄断主体的特殊性有关。有学者提出行政机关是特殊的主体，所以行政赔偿责任应该取代民事责任。

首先，从《中华人民共和国国家赔偿法》（以下简称《国家赔偿法》）来看，国家赔偿的范围仅限于具体行政行为和事实行为，而行政垄断往往是以抽象行政行为的形式来表现的，而"造成财产损害的其他违法行为"作为一项兜底条款内容涵盖不清，如果仅仅依靠《国家赔偿法》的行政赔偿来追究行政机关的责任，那么实施行政垄断的行政机关往往不能受到惩治，对行政垄断不能起到惩戒的效果。其次，行政主体的收入来源比较特殊，其大部分的来源是基于社会公众所缴纳的税款，这些税款应主要服务于社会，而不应当将社会公众缴纳的税款来为行政机关所做出的违法行为买单，行政机关的过错产生的后果应由其自己承担，而不应该转移给纳税人。最后，行政垄断的实施往往离不开相关的经营者，在整个违法活动中经营者受到行政机关的特殊庇护而获取不正当的利益，如果行政赔偿取代民事责任，那么这些受益的经营者无疑成了最大的赢家，而受害主体不能得到任何的赔偿，受益的经营者不会受到任何惩戒。

所以，行政赔偿责任不能取代民事责任，应当增加民事责任的相关规定。受益的经营者应对受害主体承担民事赔偿责任，受损害的主体可以对受益的经营者提出民事赔偿的诉讼请求，这种民事赔偿属于行政垄断的民事责任。由于行政机关是特殊的主体，加之财产来源具有特殊性，所以应当承担非财产责任，主要包括停止违法行为等。行政垄断的危害性极大，不仅侵犯相关经营者公平竞争权，也难以树立相关法律与行政机关的权威和公信力，所以实施行政垄断行为的两个主体承担民事责任是非常符合法理和现实要求的。

（3）优化规制行政垄断执行机构的设置

①明确反垄断执法机构的执法权。相对来说，反垄断执法机构具有更强的专业性，对有关案件的处理也比较得当，处理结果也较为公正，但是只是单纯赋予反垄断执法机构相关的建议权，不能真正发挥其执法效益与威慑力。对此，应当进行如下的安排。

第一，赋予执法机构对相关行为直接认定无效或者撤销的权力。如果某些行政垄断行为是通过规章等文件做出的，执法机构在认定该文件造成行政垄断之后应直接认定该文件无效。当执法机构能够合理认定某种具体行政行为属于行政垄断时，可直接将其撤销。

第二，赋予其责令停止实施权和责令改正权。虽然赋予反垄断执法机构认定行政行为无效或者撤销在最终结果上是规制了行政垄断行为，但是该种方法也存在弊端。反垄断机构认定行政行为无效或者撤销时，因为案件涉及的主体多、范围广、本身的概念不清等特点，导致案件的审理过程较长，但是行政垄断的危害还在继续，因此需要对审理过程中相关主体的利益进行保护，有必要赋予反垄断机构责令停止实施权，并且责令一些做出不能直接撤销的行为的机关改正。

第三，赋予其制裁权。除了赋予反垄断执法机构上述权力之外还需要进一步赋予反垄断执法机构制裁权。因为上述的权力仅仅是制止了行政垄断行为的继续发生，对于做出行政垄断行为的人员或者机构并没有相关的制裁，这样会导致行政垄断行为规制的不彻底，因此有必要对相关的单位或者人员做出批评、处分等。

第四，赋予其执行权。执法机构做出的决定要想得到实施必须赋予其执行权，否则会导致其做出的决定没有效力，故应该赋予执法机构执行权，并且要让那些不履行执法机构决定的相关主体承担一定的责任，比如罚款、处分等。

②强化规制行政垄断执法过程的透明度和信息披露的及时性。

虽然一些规章表明反垄断执法机构认为构成滥用行政权力排除、限制竞争行为的依法向社会公布，但是反垄断执法机构的执法过程并没有公开，所以应当公开执法机构的实际执法情况，强化违法威慑性，使行政主体在实施行政垄断行为之前慎重考虑，便于强化社会的监督，确保规范执法机构的执法活动。在执法的过程中及时进行信息披露以便让外界对案件有一定的了解，也便于公众的监督。

一方面，可以对反垄断执法机构的执法过程进行公开化和透明化，一些影响重大的案件应当及时进行执法过程的公开和信息披露。根据相关规定，相关机关的处理决定和建议需向社会公开，但忽视了整个执法过程的公开化和透明化，许多案件正是由于信息披露不及时加之执法透明度不高，使反垄断执法机构的公信力严重受损，所以应当主要针对这类案件强化信息披露。另一方面，应当加强反垄断委员会的职能。反垄断委员会并不参与反垄断的执法工作，其核心任务是协调各方，其在执法过程中作用并不突出。但是我们可以从另一个角度出发，充分发挥其协调各方的作用，加紧制定规制垄断行为的实施细则与相关指南，这也是对反垄断执法机构另一种有效的监督形式。

目前，反垄断执法机构改革后确立了国内反垄断执法进入全新时期，此时很有必要健全反垄断执法过程公开的相关制度，按时将执法过程予以公开，保证公众能够清楚了解整个执法过程。只有对案件和执法过程做出有效的公开与披露，外界才能了解整个执法过程和具体规制情况，社会的监督作用才能得到有效发挥。执法过程受到全面的监督，这样才能真正推动反垄断执法机构在监管市场竞争方面的进步。

（二）政府对自然垄断的规制

自然垄断作为垄断的一个重要分支，一直以来备受关注。作为一种由市场自然条件而形成的垄断，往往被国家法律所肯定，并在国家的经济发展中显示出独特的作用。在自然垄断的理论演进过程中，学者们着眼于政府与自然垄断行业的关系展开了激烈讨论，各国政府也纷纷出台政策以推动自然垄断行业实现更好发展，可见自然垄断的重要作用。为了更好地推动自然垄断行业的发展，现针对政府对自然垄断的规制提出如下建议。

1. 加快立法推进自然垄断行业改革

国家应当通过立法手段推进自然垄断行业改革，尤其应制定相关的专门法律来规范企业的生产经营。此外，国家也要根据行业改革的预期目标制定相关法律，从而为自然垄断行业提供参考规则和依据。

（1）明确自然垄断行业规制的立法主体

目前，各自然垄断行业立法大多由"政企改革"前行业主管部门制定，带有浓重的行业保护色彩，更加重视自然垄断行业的利益而不能从宏观上去把握自然垄断行业法律规制的体系规制。鉴于目前我国自然垄断行业领域仍然存在的政企分离不彻底的现象，政府主管部门对自然垄断行业的干预也较大，规范自然垄断行业的立法机构较多，导致相关法律法规冗杂且层级较低。对此，需要明确自然垄断行业立法的制定主体，保障法律制定的规范化。

（2）提高自然垄断行业立法层次

当前我国因自然垄断行业立法冗杂，法规规章较多，而本应当占据主体地位的相关法律由于制定时间较早，往往被束之高阁，甚至一些层级较低、质量不高的地方性法规对其所辖范围内的自然垄断行业都大加干涉。这既给自然垄断行业监管造成了不必要的麻烦，又不利于维系有效健康的竞争环境，使得自然垄断行业很多时候仍然"一家独大",不利于展开竞争。因此,提高自然垄断行业立法层级,有利于确保自然垄断行业立法的权威性和一致性。

(3)完善自然垄断行业垄断规制相关法律责任

当前我国在具体确认自然垄断行业垄断行为的责任问题时,并没有明确、可操作的具体规定,现有的相关规章制度也颇具原则性,并没有对具体执法提供有效的法律支持。由于自然垄断行业本身所涉及的是关乎国计民生的行业经营,本身掌控着一定数量的资源和优势,这种背景优势更是为其垄断行为提供了助力,需要法律提供更多更完善的责任规定约束其行为,使其迫于违法成本的压力而不敢轻易越过法律的边界。所以,在自然垄断行业垄断行为的规制上,对其违法行为应该完善法律责任方面的内容,细化和完善更为严格、科学、可行的具体规定。

纵观我国改革历程,发现只有法律规制和行业监管并施,共同作用于市场,并通过二者之间的职权协调行使各自的权限,才是公用企业运行良好的不二法门。而在现实规制活动中,自然垄断企业的监管手段并没有将法律这一最具强制力的武器落实,反而主要依靠政府行政权力来维系。当下,自然垄断企业改革走到十字路口的关键时期,如何引导自然垄断企业更好地服务于民众,不仅依赖于我们的经济管理智慧,还需要构建新的法律与制度体系,鼓励自然垄断企业参与市场竞争。

当前,我国有关自然垄断企业改革的政策措施大量出台,但是立法方面较为老旧,不能跟上现在已具雏形的改革结构。为了我们广大消费者的合法权益,我国必须着力贯彻《反垄断法》,并不断完善《反垄断法》及相关法律法规,有效杜绝自然垄断企业垄断市场问题,以立法为先导,用立法指引改革,做到反垄断执法有法可依,有法必依。

2. 提升政府价格规制效率

由于在自然垄断行业内既没有横向的价格参考依据,又存在信息不对称,导致政府在规制时可能会制定不甚合理的价格,消费者的权益就不能得到很好保障。因此,在现有的环境与条件下,政府规制价格时应注意以下几点:首先,在规制价格时应利用法律和政府权威刺激企业努力降低生产销售成本,提高社会生产效率;其次,应完善价格听证制度,利用各方力量监督自然垄断企业的社会生产,避免企业盲目抬高价格;最后,政府应规范和监督自身的行为,禁止与自然垄断企业勾结成为利益共同体。

3. 对部分自然垄断行业可以引入竞争机制

竞争机制与政府规制之间存在一定的替代作用，因此，对于部分具有较高承受能力的自然垄断企业，可以通过适当引入竞争机制来促使企业提升产品与服务的生产效率，在基本确保企业垄断地位的同时，帮助消费者积极维护自身利益。目前，有不少国家都把引入竞争机制作为自然垄断企业改革的重要工具。

在当前发展背景下，监管机构无法继续扮演无所不能的角色。在市场引入竞争之后，它的作用只能在市场运行机制不足以维系良好竞争环境时才体现出来。同时，它扩大了市场竞争的作用，通过刺激竞争来促进自然垄断企业效益的提高，维护消费者的利益。当前，除了部分设施仍然维持着较为严格的监管之外，其余部分大多引入了竞争。但是，当前竞争机制并不完备，所达到的效果也不尽如人意。在市场经济条件下，仅依靠《反垄断法》来规制垄断行为，缺乏有效经济环境制度，并不能治本。可见，建立有效的竞争机制尤为重要，这也是自然垄断企业引入竞争的应有之意。

市场经济的本质是竞争。促使自然垄断企业健康发展并带动经济升级，关键要建立有效的竞争机制，以达到釜底抽薪之功效。从国内外自然垄断企业引入竞争机制的经验来看，大体可以分为两种不同的竞争机制，即自由市场上的竞争机制和垄断市场上的竞争机制。自由市场上的竞争机制是通过放开市场、放宽市场准入标准、直接引入竞争的一种竞争机制。这种竞争机制也适合于自然垄断属性较低的自然垄断企业中。而另外一种竞争机制则是专门适合于自然垄断属性较高的自然垄断企业，其是以确定市场经营标准、选择市场主体通过市场间的竞争的方式来进行的一种机制。如果在自然垄断属性较强的自然垄断领域直接放开市场，出于"经济人"的趋利性会造成经济的突然崩盘，破坏原有的经济规模和效率。如果通过这种借助市场机制力量但又不完全依靠市场的方式引入竞争，反而会达到静水深流、治标治本的效果。

建立有效的竞争机制，是规制自然垄断企业垄断行为的重要一步，是使市场达到应然状态的必经途径，是发挥市场力量最大化的判定标准。只有经济机制上运行良好，整个市场经济秩序才会呈现出蓬勃有序的发展前景。此时的《反垄断法》才真正成了悬在自然垄断企业头顶之上的"达摩克利斯之剑"，其威慑作用也能得到充分发挥，将自然垄断企业间的垄断行为扼杀在萌芽状态，从而形成有效的竞争发展格局。

为改变计划经济体制下自然垄断企业落后的局面，我国在引入竞争的基础上实施政企分离改革，进行了一系列探索尝试。但是，从自然垄断企业的发展来看，我国的改革力度和范围并没有触及深层次的体制问题，仅停留在表面上，在引入竞争机制的力度上仍然偏小，自然垄断企业的非市场化经营堵塞了通过市场融资进行产业升级的道路，导致各个自然垄断行业建设处于缓慢发展的状态，难以与当下经济迅速发展的大框架相融合，严重制约了经济全面推进的进程。只有坚持进一步引入竞争的思路，深入开展自然垄断企业的政企改革，才能形成有效的竞争机制。

4. 明确自然垄断企业与行业监管部门的关系

明确自然垄断企业和行业监管部门的关系是有效规制垄断行为的先决要件。结合国外相关经验来看，设立行业监管部门并不是完全代替业已存在的政府监管机构，是在保留政府监管机构制定行业发展大方向的基础上，与政府监管机构同时并存，共同作用于自然垄断企业垄断行为的规制问题。政府监管机构仅是自然垄断企业经营活动和行业监管部门的监督者与违法行为的制裁者，而行业监管部门与自然垄断企业才是管制与被管制的关系。自然垄断行业监管部门主要负责自然垄断企业日常生产经营活动的监管，通过事前监管或事中监管的方式防微杜渐。

国外自然垄断企业的监管机构主要有两种典型的模式：一种是独立的监管模式，另一种是非独立的监管模式。前者集各种监管职能于一体，独立于政府和自然垄断企业，具备较强的中立性；后者总体上则是由政府承担监管职能的模式。尽管前者独立于政府，具体的市场监管由独立的监管机构承担，政府也只是负责自然垄断行业的发展方向，但在实践中，监管部门从来没有实现过真正意义上的独立，政府往往出于其利益考量干预监管，导致行业监管部门的可靠性大打折扣。

（三）政府对经济垄断的规制

1. 市场规制

从中观视角看，政府的市场规制指的是政府管制某些产业的进入和价格，防止毁灭性竞争，抑制垄断，反对不正当竞争，以维护市场竞争效率和良好的市场秩序，解决市场机制引起的微观失灵和资源未最优利用问题。其主要方法包括制定法律法规、命令控制、市场激励、控制价格、控制价格结构、控制产量、限制进入和退出等。

2. 企业规制

从微观视角看,政府的企业规制指的是在自然垄断和存在信息偏差的领域,政府机关用法律权限,通过许可和认可等手段,对企业的进入和退出、价格、服务的数量和质量、投资、财务会计等有关行为加以规制(直接借用日本产业经济学家植草益有关微观规制的定义)。其主要方法包括外部行政管理、外部实际控制、股权和债权投资等。

二、政府对垄断的管理

(一)引入行业竞争

我国虽然对于垄断行业的改革已经获得了诸多成效,但与理想中的结果仍相差甚远,垄断行业所面临的问题要从根本上解决。行业垄断现象要在极短时间内解决是不符合实际的,而且也并不是所有的行业垄断都存在弊端,因此,解决行业垄断的问题要从引进合理的竞争机制入手,加强微观经济实体建设,形成充满活力的竞争格局。在一定情况下,垄断行业的表现就是竞争的失去,竞争就是不同行业之间在经济利润和商业范围方面的不同争夺,竞争的结果就是优胜劣汰。

因此,在各行业内部的企业都在想尽一切办法来使其在竞争中取得胜利,最终成为垄断企业。从经济角度来看,垄断在一定情况下还会造成行业的衰落,因此,在垄断行业改革过程中,引进竞争是比较有效的方式。在垄断行业内部引进竞争,使垄断行业内部产生竞争关系,从而促进经济的发展。

(二)合理定位政府与市场的关系

政府必须转变职能,明确政府在市场中扮演的角色,更好地发挥政府的主导作用,充分尊重市场规律。政府是行业改革的关键,要简政放权,减少支配性作用,坚持实现政企分开。政府改革的核心目标是管理,政府应将权利下放到市场与企业,不断创新管理,发挥市场配置作用。政府要以稳定社会保障、维护经济秩序、服务社会公平正义为重点,使企业拥有自己的生产决策权和日常生产管理权。

垄断行业在改革的过程中,内部收入也有差距。暴利行业和非暴利行业收入间存在较大差距,且这种差距会因行业不同而不同。例如,盐业和纺织业是不同的,盐业是典型的暴利行业,收入极高;而纺织业虽然有时也会形成暴利行业,但一般纺织业的利润不如盐业的利润高。因此，收入的巨大差距是政府进行改革的具体原因。

（三）加强对垄断行业产品的价格宏观调控

转换价格形成机制，规范价格构成。要想充分发挥我国市场机制的作用，则需建立垄断行业产品管制价格，形成的经济社会机制，让市场发挥作用。市场机制在运用价格控制机制时应具备以下几个基本条件。

一是垄断产品需求平衡。二是产品的垄断价格是可以改变的，供求关系可能会随着城市的变化而波动。三是建立有效的成本约束机制，鼓励企业自觉降低成本，规范价格结构。价格的核心问题是成本，控制成本也就控制了价格。

第四章 反垄断中的市场界定问题

相关市场界定是司法机关审理反垄断案件的必要前置程序。随着互联网产业经济的快速发展,传统产业的相关市场界定方法已经无法完全适用于新经济领域;而我国的反垄断法出台和实践时间相对短暂,更须探索符合本国国情的新的界定方法,使反垄断司法实践更具公平、公正性。本章包含相关市场的界定问题、相关市场界定方法的问题、市场份额与市场势力、国外相关市场界定经验对我国的启示及相关建议四部分。

第一节 相关市场的界定问题

一、相关市场界定问题的提出

相关市场的界定是通过特定的标准和方法对竞争领域进行确定,从本质上讲,并不是反垄断法中的独立制度,但相关市场的界定是反垄断法实施过程中最基础的问题和最基本的方法论。判断垄断行为是否成立,首先要分析竞争是否被行为造成损害以确定相应违法性,而相关市场的界定就是用以划定竞争领域的范围。通过相关市场的界定,可以直接识别竞争者,明确竞争者的数量、市场份额占比情况,判断企业所具有的市场支配力大小,以及可能会产生的限制竞争或垄断的违法效果情况。

我国的《反垄断法》虽规定了相关市场的概念,但较为原则化,实际操作性弱,《国务院反垄断委员会关于相关市场界定的指南》(以下简称为《指南》)对相关市场界定的目的和作用做了明确表述。在《关于平台经济领域反垄断指南(征求意见稿)》中规定,针对"经营者间所达成的横向垄断协议和纵向垄断协议"的特定个案中,反垄断执法机构对有关违法性认定可以不明确界定相关市场,直接认定相关垄断行为。这一规定引发很大争议,多数专家学者认为此规定较为模糊，论证理由也不够充分，司法适用困难，因此在最终稿中删去了可不明确界定相关市场及可不界定相关市场的规定。

可见，相关市场的界定是分析竞争行为的重要开始，也是反垄断执法工作中不可或缺的步骤。目前，我国互联网反垄断案件中，影响力较大的案件均界定了相关市场。例如，"3Q大战""全民医药诉百度""微源码诉腾讯""阿里巴巴二选一"等，这些案件在相关市场界定后，后续的是否具备市场支配地位才能够逐渐清晰，为反垄断案件的审理打牢地基。

二、相关市场界定概述

（一）相关市场的概念

相关市场的理论主要来源于美国的反垄断政策和司法实践。1890年美国颁布的《谢尔曼法》和1914年颁布的《克莱顿法》对相关市场理论研究较为局限，在1948年"美国诉哥伦比亚钢铁公司并购案"中，"相关市场"第一次运用在反垄断案件中。该案中，美国司法部认为本案需考虑的相关市场是联合钢铁公司销售其产品的11个州。随后将判例中提炼的相关市场基本规则形成规范文件，以进一步指导司法实践。

我国在《反垄断法》中明文规定了"相关市场"，在反垄断法体系较发达的国家一般通过反垄断执法或司法机关发布规范性文件进行说明，如2010年4月美国司法部和联邦贸易委员会发布的《横向合并指南》中间接包含"相关市场"概念，其表述为：若是可以证明某组产品的经营者的数量下降，导致价格显著提升，即可证明这组产品形成了一个相关产品市场。由于反垄断经济学的显学意义，反垄断法中关于相关市场的解释实际上是指相关市场的经济学理论内涵，法学理论界和立法机构对经济学理论内涵进行了全盘吸收。

市场概念是贯穿整个反垄断法最重要的概念之一。在反垄断法中，市场通常是指"相关市场"，从字面意义上看就是具有关联的市场，这种关联主要体现在具体案件中的竞争或限制竞争所能影响的范围。

换言之，界定相关市场是为了找出哪些产品之间具有竞争关系，以及这些产品在多大范围内产生或在何时产生较为激烈的竞争。概言之，对于相关市场的界定就是判断企业之间产生竞争之处。从其概念内涵上看，反垄断法中所指的市场的内涵与经济学上的市场内涵是有所不同的。经济学上的"市场"是指买方和卖方交换各类商品、服务及信息的场所；而反垄断法中的"市场"则是指产品的竞争约束范围。对"市场"一词的不同定义表明经济学更注重市场内部个体的交易行为，而反垄断法更关注市场内部的竞争性。

虽然不同国家对相关市场有不同的表述，但从其内涵出发，都是以竞争约束为核心。其中，竞争约束是指企业之间存在着的制约彼此行为有效性的市场势力，即如果一个企业对其产品涨价，则会导致此前购买这一个企业所生产产品的消费群体中大量的消费者转向购买其他企业生产的具有相同或者相似作用的产品，从而使这个企业的涨价行为无效，那么就意味着这两个企业之间存在竞争约束。

（二）互联网领域相关市场界定的基本原则

1. 维护各方合法利益原则

维护各方合法利益原则将反垄断法的立法价值进一步延伸，衔接互联网领域。实践中违法企业常常凭借技术优势等有利条件获取更多的收益，实施损害消费者利益的行为。反垄断法规定的保护消费者权益原则提倡市场营造公平竞争秩序，应以人为本，保护在违法企业攫取利益过程中受损害的消费者的利益。

在平台经济中因为涉及多方主体，包括互联网企业的经营者、市场内的消费者以及互联网领域的从业人员等各类主体，在保护消费者权益的基础上，提倡维护各方合法权益原则，旨在建设有序市场，激发市场活力，带动更多主体参与市场竞争。

2. 透明公开原则

《反垄断法》《指南》中均涉及透明公开原则。司法的透明程度是对相关市场界定公正的方向引导，能保障法官公平公正审判、反垄断执法机构公平公正执法、相关市场界定科学合理。在对互联网企业进行相关市场界定时，反垄断执法和司法机构要考虑的因素愈发复杂，并且界定结果直接关系到案件双方的利益大小，所以对相关市场界定一定要准确，一定要保证公平公正，能够让涉案双方或多方在案件中感受到公正，从而维护包括互联网领域在内的公平竞争秩序和司法权威。透明公开原则应贯穿反垄断立法、司法、执法全过程。

（三）相关市场界定的目的

多年的反垄断司法实践形成了相对成熟的三阶段理论体系，即评判企业是否具有垄断行为依次从相关市场的界定、市场支配地位的判断和滥用市场支配地位行为的判断入手。

相关市场的界定是判定垄断协议、滥用市场支配地位和经营者集中的必要前置工作。

三、相关市场界定的国际理论

（一）五维度论

新西兰是采取五维度论的代表国家，新西兰商业委员会在其《合并指南》中规定在司法实践中从五个维度进行相关市场界定。这五个维度分别是：产品维度、地域维度、时间维度、生产分配维度、消费者维度。其中，消费者维度是新西兰在形式上的独有维度。产品维度，商业委员会关注产品的替代性，主要从产品用途、产品特性加以考虑。地域维度，即替代产品所在的地域范围，新西兰商业委员会重点关注产品的运输成本以及转产的可能性等因素。时间维度，即产品间发生替代的时间范围，该维度重视竞争的动态性。生产分配维度，即功能维度，对生产与分配的不同环节规定了不同的权衡因素。消费者维度虽是新西兰在形式上独有的维度，但实质上与其他国家所规定的价格歧视的不同情形有一定程度上的相似性，如英国公平交易局规定对不同消费群体实施价格歧视，每个消费群体可能构成单独的市场，以及澳大利亚根据不同消费者群体在特定情况下界定为不同的市场。

（二）四维度论

澳大利亚是采取四维度论的典型代表国家，澳大利亚竞争与消费者委员会《并购指南》中规定，对反垄断审查中的相关市场界定应从产品、地域、功能、时间四方面予以考察。该指南认为对产品市场的界定核心就是判定涉案产品与相关产品间的替代性，深刻指出产品维度应重点关注的因素包括：产品的最终用途、物理特性、转移成本、消费者对替代品的反应、转产需要的成本、现行供应商对替代品的看法、产品的价格变化。在某些个案中还会特殊考虑商品群问题。在地域维度，该指南认为此维度界定的核心任务就是认定涉案企业与潜在竞争者的地域范围或消费者购买替代品的地域范围，重点关注消费者获取替代品的难易程度、替代品的运输成本、不同区域的价格水平等因素。功能维度主要聚焦于生产分配环节，以及整合效率、商业替代可能性等因素，结合产品和地域维度的权衡因素进行考察。在时间维度，该指南强调了合理考虑时间维度的重要性，即在可预期的时间内产品的可替代程度。

（三）三维度论

英国是采取三维度论的典型代表国家，英国公平交易局在《理解竞争法》中提出相关市场从以下三方面界定，分别是产品、地域、时间。此外，还需要考虑后续市场的问题。

在产品维度的界定中，公平交易局从产品的需求替代性、供给替代性以及价格歧视三方面加以考虑。在考虑产品的需求替代性时重视价格水平变化对消费者的影响，在具体的认定过程中考虑产品用途、产品特性、转移成本以及品牌忠诚度等因素。在定性分析的同时注重对交叉弹性方法的使用，注重定量分析。在分析产品的供给替代性时主要考虑市场进入障碍，即转产的可能性、及时性与转产成本。

公平交易局在地域维度从需求、供给方面进行界定。在需求方面注重产品的价值、运输成本；在供给方面注重产品价格与运输费用的对比。

在时间维度，公平交易局认为时间维度是产品维度的延伸，并认为在以下情形下需对时间维度进行考虑，包括产品的周期性特征较为明显时，产品在特定时间的供给无法满足消费者时，以及面临产品的升级问题时。

公平交易局还对后续市场问题进行了单独的考虑。后续市场即与互补产品相配套的产品所在市场，如牙刷是原始产品，后续需要购买的牙膏是配套产品。后续市场主要分为三类：系统市场、多元市场、二元市场。其中，多元市场与二元市场的认定较为简单，配套产品间具有较高替代性时，就是二元市场，而当配套产品被锁定在少许与原始产品配套的产品范围，这时可以认定为多元市场。

（四）二维度论

采取二维度论的典型国家有美国、日本等。美国司法部与联邦贸易委员会在其发布的《横向合并指南》中规定了相关市场界定的产品与地域两个维度。

在产品市场的界定中根据是否存在价格歧视的不同分两种情况进行界定。

在不存在价格歧视时通常使用假定垄断者测试判断产品市场的范围，当假定垄断者无利可图时，就会将具有替代性的产品增加到产品市场内。

在存在价格歧视的情况下，此指南规定在实施数额不大且非临时性涨价时，考虑假定垄断者能通过对特定消费者实施涨价行为并获利。

在地域市场的界定中，此指南同样根据是否存在价格歧视规定了不同的情形。

日本公平交易委员会在《企业合并的反垄断法审查指南》中规定了对特定交易领域进行界定的原则,即考虑使用者的替代性,并在必要情况下考虑供给替代性。

在产品市场中,日本公平交易委员会考虑产品用途、产品定价与数量变化。在地域市场主要考虑供给者的经营地域、运输成本、产品特性等因素。除考虑上述因素外,公平交易委员会结合不同个案情况,还会考虑其他因素,如企业的分销层次,即大型消费群体与小型消费群体的划分也会对特定交易领域的界定产生影响。

四、相关市场界定的多维分析

(一)产品市场维度

相关产品市场又称相关商品市场,作为界定相关市场时考虑的维度之一,简言之就是竞争约束发生的产品范围。商品作为市场主体生产出的产品,在市场竞争中处于核心地位。市场竞争的实质就是市场主体通过其生产出的产品与具有相似使用价值的同类产品相竞争。在市场主体相互竞争中,无序市场中的主体会采用各种手段,最终达到利益最大化的目的,而反垄断法本身的目的就是通过规制垄断行为的滥用使市场内主体间的竞争呈良性状态,从而使整个市场得到有序发展。

在市场经济中,商品是生产者与消费者之间的桥梁,在竞争法的视角中,商品则是竞争关系的客体,换言之,生产者之间的竞争实质上是所生产出的商品之间的竞争。因此,在反垄断实践中如何确定商品之间具有竞争关系对于界定相关市场是非常重要的衡量因素。

从商品的角度看,界定相关市场的范围也就是确定具有竞争关系的商品范围。从经济学的视角观察市场可以发现,市场中的参与者分为两类,一类是提供商品的生产者,另一类是购买商品的消费者。因此,经济学对市场竞争的研究就从这两个方面入手。反垄断法在界定相关市场时也借鉴这种分析路径,在判断竞争约束发生在哪些具体的商品中时以消费者的需求替代和生产者的供给替代为出发点。

(二)地域市场维度

我国对于相关地域市场的定义在《国务院反垄断委员会关于相关市场界定的

指南》中有规定："相关地域市场，是指需求者获取具有较为紧密替代关系的商品的地理区域。"从文字的表述可以看出，界定地域市场的目的是判断具有竞争关系的商品之间的物理范围，即判断具有竞争关系的商品在地域上的竞争范围。

地理环境、各国的贸易政策、民族文化等不同因素都会对商品竞争范围产生影响。这些因素导致商品会在一定的地域范围内与具有类似功能的其他商品展开竞争。针对此维度，应以全国市场为原则，同时要考虑到特定产品所在的地区性的地域市场，并以同产品在空间上的可替代性考察相关地域市场。

（三）时间市场维度

基于我国《反垄断法》第12条第2款规定，"本法所称相关市场，是指经营者在一定时期内就特定商品或者服务（以下统称商品）进行竞争的商品范围和地域范围"，有学者认为，我国反垄断法是以产品市场、地域市场和时间市场三个维度来界定相关市场的，这也给反垄断执法者在实践中根据具体案情考察相关商品在时间上的替代可能性提供了依据。欧盟委员会的决定和欧洲法院、美国法院的判例也指出时间因素对相关市场界定的影响。

同样对时间市场做出界定的还有2004年4月英国公平贸易局发布的《相关市场界定——理解竞争法》。该规则指出应当考虑时间因素在相关市场界定中地位的三种情形。其一，因时间周期导致消费者无法实现其可替代的需求。如对于只能在高峰期上下班的消费者而言，非高峰期的车票无法替代高峰期车票。其二，因时间因素导致的供给者的供给无法替代。如特定时令才能供应的水果在供给上无法用别的水果替代。其三，因时间因素导致商品升级或换代肯定影响消费者的消费。如消费者认为现有商品不能替代更新版本后的商品或认为未来会出现比现有商品更好的商品，有可能会延缓相关消费倾向。

但就目前我国的反垄断实践而言，有学者在考虑到时间因素于相关市场界定中的实际效用后指出，在一个市场内的竞争易受到时间限制的条件下就需要考虑时间因素，反之，一个市场内的竞争关系受到时间的影响非常微弱，就无须将时间因素纳入相关市场界定的衡量因素。在反垄断实践中界定相关市场考虑时间维度，一方面会加大举证难度，另一方面又无太大意义，故界定相关市场或者确定相关市场范围的时候，一般只需要考虑产品和地域两个因素。就我国反垄断实践来看，相关市场界定亦主要集中于产品和地域两个因素方面，而对时间因素鲜有涉及。

当然，随着互联网经济的兴起和高新技术的发展，有学者亦强调技术市场抑或创新市场的重要性，实际上，技术或创新是依附于特定的产品之上或者通过特定的产品予以体现的，因而技术或创新不是独立考虑的因素，而是在考虑特定产业的产品时应考虑其技术或创新因素，是内含于产品这一因素内的。

五、相关市场界定权衡因素比较

（一）产品维度权衡因素比较

从产品维度界定相关市场时，各国对权衡因素的考量各有差异，但均注重产品的替代性。美国在实践中对产品维度进行考察时，主要考察产品的品质、价格、用途，以及企业的技术设备、投入成本等因素。欧盟委员会认为，对产品的替代性进行分析时应考察市场上出现替代品的证据、顾客的喜好、转产的难易程度等因素。英国公平交易局在对产品市场的考察过程中，注重考察产品用途、产品特性、转移成本、市场进入障碍、转产的及时性等多方面因素。日本公平交易委员会在认定产品市场时，主要考察产品用途、产品特性、价格变化等因素。

通过对上述国家在产品维度所考察的权衡因素比较可以看出，各国反垄断实践中主要考察产品价格、用途、特性、转移成本等因素。各国在权衡因素的选择上具有一定的趋同性，在反垄断审查中，需要对各权衡因素具体加以考察。

（二）地域维度权衡因素比较

各国在从地域维度进行市场界定时，所考虑的权衡因素也有所差异，主要因素包括产品获取程度、运输成本、市场进入障碍、转移成本等。英国在对地域维度分析时主要考量产品价值、搜索成本和运输成本等因素。日本从地域维度进行市场界定时，着重考量的权衡因素包括：一是产品特性，即是否为易碎品、保鲜品；二是供应商或使用者所在区域；三是运输成本。澳大利亚在地域维度上从以下几个方面进行考量，包括获取替代品的难易程度、经营者的不同区域、运输成本、产品特性、市场壁垒、转移成本、供给区域不同形成的价格差异。加拿大从以下几个方面考察权衡因素，包括运输成本、产品特性、转移成本以及价格水平等。欧盟则重点关注产品需求特征、购买地域、运输方式等。

（三）时间维度权衡因素比较

时间维度虽不如产品、地域维度重要，但在具体情况中应予以足够的重视。英国反垄断执法机构认为在几种情况下需考虑时间维度，包括需求在特定时间内无法替代、供给无法替代、产品升级三种情况。澳大利亚关注政府管制因素对时间市场的影响,因为管制力度会影响市场进入壁垒,从而影响竞争效果。从对世界各国时间维度权衡因素的比较可以看出,各国对时间维度的理解存在一定的差异,但这些不同之处只是各国所关注领域的不同,在实质上并无明显区别。

第二节 相关市场界定方法的问题

一、相关市场界定的基本方法

当前世界上并不存在一套普遍适用于全部国家和地区的相关市场界定的标准和方法,相关市场的范围大小主要取决于产品的可替代程度。从反垄断法演变的过程来看,相关市场界定受经济学理论的影响,各个国家反垄断法中相关市场的界定方法演变大致可以划分成两个阶段。

美国1890年颁布全世界第一部反垄断法,引起学术界和产业界广泛关注,哈佛大学的爱德华·张伯伦构建了垄断竞争理论,认为垄断不利于经济活动的展开,于是形成第一阶段的理论,即哈佛学派理论。哈佛学派理论注重以结构主义为基础形成的侧重对产品特性、功能进行定性等的一系列方法,其中包括合理可替代分析法、交叉价格弹性分析法等。

随后有学派不同意哈佛学派的垄断理论,认为企业为了形成垄断并且长久获得利润就会注重产品或服务本身,于是相关市场界定理论进入第二个阶段,即崇尚效率的芝加哥学派以及明确效率与公平同等重要的后芝加哥学派,从经济学思维展开形成了一系列界定相关市场的方法,其中值得一提的是假定垄断者测试法,其成了各国普遍采用的界定方法。于是传统行业主要运用的相关市场界定方法就发展成了包括定性分析的供需替代分析法(需求替代分析法及供给替代分析法)以及定量分析的假定垄断者测试法。

(一)需求替代分析法

需求替代性分析源自美国1956年"杜邦玻璃纸"案。1956年发生的美国政府诉杜邦公司垄断玻璃纸生产案,美国政府主张杜邦公司占据玻璃纸产品市场全部的份额,构成垄断地位。美国最高法院将玻璃纸看作包装材料中的一种,以包装材料市场为相关市场，杜邦公司仅拥有18%的市场份额，不构成垄断，因此政府在本案中败诉。

需求替代性分析是从需求者角度进行替代考察，根据相关产品需求替代性的强弱程度判断相关市场的范围大小。法官在案件审理中考虑到的因素包括产品的功能、质量、价格以及产品获取的难易度等。

（二）供给替代分析法

供给替代分析主要考察供给产品或服务之间的替代性，从市场内现有的和潜在的竞争者角度进行界定。需求替代分析以市场需求为主，供给替代分析以产品供给为主，从经营者角度分析，考虑其他经营者是否有能在"短期内"或"合理期限内"以合理成本转向生产替代性产品。

（三）假定垄断者测试法

1982年美国颁布的《横向合并指南》中首先采用假定垄断者测试法（SSNIP测试法）。在1997年欧盟委员会颁布的《关于相关市场界定的通知》中正式确认SSNIP测试作为界定相关市场的检验方法。我国《指南》中规定了界定相关市场的常用方式为假定垄断者测试法。SSNIP测试法目前为大多数国家所采用，其原理在于对产品进行数量化经济分析。该分析方法假定的前提是垄断企业发生非临时性显著的价格上涨时，消费者必然转向其他相同或类似的商品或服务，该企业获得的利润会下降。

当使用该方法分析市场上企业的违法行为时，若出现相反情况，即垄断企业反而从这种涨价模式中获利，那么就要将该企业提供的产品或服务纳入相关市场范围，从而判断该垄断企业的市场竞争力。而在双边市场内多采用免费模式，消费者对于价格发生的变化是非常敏感的，尤其是从免费到收费的变化，此时运用SSNIP测试法获得的检验结果是不准确的，因此很难适用涨价幅度这一以价格为产品界定标准的方式进行测试。

二、相关市场界定方法面临的困境

界定相关市场的传统方法分为以下两种：一是产品替代分析法，它主要根据产品用途的合理互换或者产品功能的替代来界定相关市场，该方法又可分为需求替代分析法与供给替代分析法；二是假定垄断者测试法，使用经济学的分析方法，考察价格上涨后的消费者选择变化，这一方法避免了需求交叉弹性理论中的主观性，因此比产品替代分析法更加科学。但是随着现实社会发展到大数据时代，大数据市场结构与竞争模式受网络外部性、锁定效应和双边市场等因素的影响，尤其在相关商品市场界定方面，传统的相关市场界定方法在适用上面临着诸多困境。

（一）需求替代分析法的困境

需求替代分析法是站在消费者的立场上，分析考量产品的质量、价格和其他因素的可替代性，以便界定相关市场。然而，由于大数据行业的网络外部性，消费者要使用某产品不得不付出大量的时间成本进行学习认知，难以打破的用户锁定效应将造成需求替代弹性的下降。因此，如果在执法或者司法实践中，仍然以需求替代分析法进行相关市场的界定，很可能因未充分了解大数据市场之特征，导致一些因素未做考虑，从而使得相关市场的界定范围出现较大误差。

（二）供给替代分析法的困境

供给替代分析法基于供给者的立场，通过对其他经营者的支出成本、经营风险以及生产流程等因素进行替代分析。但如今大数据市场中的产品常兼具数种功能，与传统实体市场产品的功能唯一相比，其功能范围边界明显更为模糊。例如，微信最初为一款聊天软件，而支付宝则定位为第三方支付平台，但随后微信借助财付通的第三方支付手段也具备了第三方支付功能，支付宝也推出了聊天功能，二者看着是毫不相干的产品，但在用途与功能上极其相似。那么，首先在确定供给者的范围时就会面临很大困难。同时，基于大数据产品的非单边市场特征，其产品不但要面临同一市场不同领域的竞争，也面临不同市场同一领域的竞争。因此，可以说其"潜在竞争者"存在于多边市场。那么，在界定相关市场时，就极易拓宽相关市场的范围，这是不准确的。

（三）假定垄断者测试法的困境

SSNIP测试法以对产品价格施以不断的微弱但显著的提价为基础，通过分析产品在提价过程中的利润变化来进行相关市场界定。但区别于传统市场，基于快速占领市场之目的，大数据市场中经营者普遍采取"免费+付费"模式。从免费到付费，这显然是一个质变的过程，消费者对此十分敏感。因此，大数据市场可能并不适用价格逐步小幅上涨的量化分析方法。奇虎诉腾讯一案中，最高人民法院做出的终审判决也印证了前述看法，其认为腾讯作为长期为用户提供免费服务的即时通信服务企业，一旦开始收取费用，哪怕是极其少的，都非常可能致使流失大量的用户。因此在这种情况下,采用 SSNIP 测试法有很大可能将非替代性产品也纳入相关市场,最终导致相关市场界定过宽,与实际情况相背离。

SSNIP 测试法之所以以价格为测试标准,是因为传统行业多为单边市场,不存在互联网领域内的免费模式,所以价格机制有效。SSNIP 测试法对互联网领域适用时存在以下困境:首先,价格机制是 SSNIP 测试法的核心,免费模式直接使之失灵;其次,消费者一开始基于免费模式与平台建立联系,价格上涨会使其转向其他提供免费模式的竞争者,SSNIP 测试法难以适用。

SSNIP 测试法检验双边市场存在局限,需考虑以下因素,对相关方法做出调整:一是基准价格的不确定性,选择基准价格应当谨慎,否则会导致评估结果的失误;二是面对市场选择的难题,互联网经济中,产品之间的界限更加模糊,产品的定性难度更大,这都成为 SSNIP 测试法要面临的难题;三是"价格上涨"具体实施问题,因为价格上涨幅度的不确定性,导致 SSNIP 测试法有了较大的不确定性;四是双边市场的竞争模式和动态竞争性。

三、相关市场界定方法比较

世界各国通过不断学习与借鉴,在界定方法的选择上呈现出高度一致性,多数国家和地区选择了以价格为核心的假定垄断者测试法。该方法与其他方法相比,以定量分析为主更具有客观性,防止了主观认识上的偏差。此外还有五类较为典型的界定方法,它们的产生早于假定垄断者测试法,主要是在美国的反垄断实践中产生的,包括同质产品认定法、需求替代分析法、供给替代分析法、附属市场理论、商品群理论。

(一)五种早期界定方法的比较

1. 同质产品认定法

该方法以美国政府诉美国铝业公司的反托拉斯案为代表,反垄断执法者为解决该公司是否垄断了铝市场的问题,从产品市场角度出发,认定美国铝业公司在原铝市场占据了近九成的份额,因此认定被告违反了《谢尔曼法》相关规定。但该方法存在一定局限性,未考虑到其他产品的替代性,仅局限于美国铝业公司的核心产品,导致界定结果存在偏差。

2. 需求替代分析法

该方法首次被适用于杜邦公司反托拉斯案件中，此案的争议焦点在于产品市场的确定，即与玻璃纸具有替代性的产品范围。在该案中美国最高法院创新性地提出以产品用途为切入角度考虑替代性，结合产品用途、质地、价格三方面将该案的产品市场界定为整个灵活包装材料市场，最终得出杜邦公司不具有垄断地位的结论。

3. 供给替代分析法

美国在大量反托拉斯实践中运用供给替代分析法，最典型的是美国诉GRINNELL（格林内尔）公司反托拉斯案，但该案的争议焦点主要在地域市场的界定问题上。受肯尼迪新边疆政策的影响，该方法在20世纪60年代得以被大量运用。该方法对于相关市场理论的完善是十分重要的，是需求替代分析法的重要补充，但和需求替代分析法相同，方法本身存在界定外延不确定的局限性。

4. 附属市场理论

该方法以美国布朗鞋业的反托拉斯案为代表，该案中对相关产品市场的界定仍是争议的焦点。美国最高法院在需求替代分析法的基础上，根据公众的看法或特殊买主等因素对产品市场进行划分，该方法虽自身存在一些不足，但其一定程度上弥补了需求替代分析法的局限性。

5. 商品群理论

此理论也是在美国相关反托拉斯案件中所产生的。该方法以需求替代分析法为基础，但与附属市场理论相反，该方法将本身不具有替代性的产品划分到一个相关市场中。从理论角度讲，虽具有逆向性，但并不意味着该方法是对相关市场理论的叛离。

通过对比上述五种方法，可以看出这五种方法均关注对产品市场的界定，同时以需求替代分析法为主，更为注重定性式分析，自身存在一定局限。美国司法部在总结上述经验的基础上，创新地提出了定量式的假定垄断者测试法，该方法至今仍被世界各国广泛学习借鉴。

（二）对假定垄断者测试法的分析

假定垄断者测试法一定程度上弥补了上述方法的不足，具有相对客观性。首先，其可适用的维度较广，相关产品市场与地域市场都可以适用，具有普遍适用性。其次，该方法对替代性原理进行了全面分析。最后，它相对解决了相关市场界定的外延过大问题。假定垄断者测试在产品市场与地域市场的操作大致相同，第一步都是临时产品市场或临时地域市场的选取。第二步设定一个假定的垄断者。第三步分析在一定期限内小幅度但很重要的涨价行为能否为假定垄断者带来利润。最后一步根据前述分析确定是否扩大最初建立的临时市场的范围。该方法以定量分析为主，提升了界定结果的精确性。

但假定垄断者测试法也存在一些局限。首先，该方法存在较为严格的适用前提，包括市场上不存在价格歧视以及其他销售条件，因为假定垄断者测试中的涨价行为幅度较小，在其他销售条件改变时，极易改变测试结果。并且当市场上存在价格歧视时，该测试方法难以发挥全部作用。其次，适用过程中可能导致相关市场界定范围被错误放大，即"玻璃纸谬误"问题。最后，基于该方法对数据的精准要求，导致其并非适用所有领域，如一些新兴领域实践中存在数据难以获取的情况。欧盟委员会在对互动广播业进行界定时指出，假定垄断者测试并不适用一项新兴产品的市场界定，因为无法获得任何市场数据。

第三节　市场份额与市场势力

一、市场份额

市场份额指某国家（地区）某一产品的销售量在市场与同类产品中所占的比率，反映其在市场上的地位。一般认为市场份额越高，竞争力越大。市场份额一般有两种基本测算方法：一是总体市场份额，它指某国家（地区）销售总额在整个世界中所占比重；二是目标市场份额，它指某国家（地区）销售总额在其目标市场，即其所服务的市场中所占比重。

已有研究认为，市场份额质量（指市场份额的含金量）尤其不能忽略。市场份额能给国家带来经济利益，这种利益除了现金收入之外，还包括了无形资产增值的收入。衡量市场份额的标准有两种：一种是顾客满意率，另外一种是顾客忠诚率。现有研究认为，顾客满意率与顾客忠诚率越高，市场份额质量也就越好；反之，市场份额质量就越差。而市场份额大或者小只是市场份额数量方面的一个特征，或者市场份额在宽广度方面的体现。

二、市场份额与市场势力的相关研究

市场份额与市场势力之间的研究，学者们已做了较多的探讨，市场份额的提升，带来了市场势力多个方面的改变，肯定了两者之间的正向关系。有学者验证了拥有高市场份额的企业会享有独特的市场势力——产品差异化，并且企业高利润来源于市场份额，而不是企业效率。市场份额在特定环境下才会具有市场势力，如拥有高市场份额的公司在买方势力不足的环境中运营时，会获得额外的市场势力收益。

研究人员从相关市场界定与市场份额出发，探讨市场势力的评定原则。而在双边市场中，各个平台依靠各自平台的内容或服务质量吸引用户，进而市场份额增加，带来市场竞争力。归根结底，是因为用户基础是平台厂商生存的一大利器，只有突破了最低网络规模，继而在交叉网络外部性的作用下扩大用户数量，最终获得平台规模的不断扩张，以此来获得竞争优势。但是平台厂商不会因为在相关市场中一边用户的市场份额很高而获得市场势力，重点在于两边用户的协调。平台为了刺激用户的相互需求，进而带来用户规模的扩大，会选择以搭售的方式为用户带来多产品的体验，增加平台在相关市场的竞争优势。胥莉等研究了在非对称的双边平台竞争中，用户的归属行为与厂商的兼容动机会影响到平台的用户份额大小，从而对平台的获利水平产生影响，改变市场竞争状态。用户归属属性在其中成为关键因素，它可以改变平台的市场份额，从而影响到平台的定价策略，使得竞争地位得以维持。有研究认为，由于平台厂商的交叉网络外部性特征，使得采取传统的提价思想来测度市场势力产生一定偏差，要重视使用可维持性高市场份额来衡量市场势力的方法。

三、市场势力

反垄断审查中最关键环节在于市场势力的测度以及判定厂商是否有不合理使用市场势力的行为；而在理论分析中，评估市场绩效是否发生改变均绕不开市场势力的测度分析。

（一）基本含义

市场势力通常定义为相关市场中厂商将制定的价格提升到其边际成本之上仍会获利的能力。通常情况下，厂商提价会造成市场份额的缩减，因此并非所有厂商均能因提价获利。但是，对于拥有市场势力的厂商而言，提价带来的市场份额的缩减相对较小，因此，提价仍然能为其带来利润的增加。

（二）单边市场中的市场份额与市场势力

在反垄断审查过程中，"界定相关市场—衡量市场份额—测度市场势力"是最常用的方式，通过测算厂商在相关市场中的市场份额以及市场集中度来判定其是否具有市场势力，进一步观测厂商是否有滥用市场势力的行为以及其他反竞争行为。1945年美国铝业公司垄断案中，法官认为该公司在铝市场的份额已经超过90%，这样大比例的市场份额已构成垄断。全美航空与美国航空的合并案中，司法部提出，如果此项合并策略完成，不仅市场势力增强，而且美国最大的四家航空公司将占据商用航空市场80%以上的份额，相关市场的集中度显著提高，使得消费者会支付更高的费用。2013年马士基、地中海航运、达飞联合设立网络中心的合并审查，反垄断局认为三方合计运力份额高达46.7%，合并后的市场势力明显增强，市场集中度大幅度提高，会给相关运输市场产生反竞争效果。市场势力通常表现在厂商能将定价保持在边际成本以上，即厂商提价但是市场份额不会有过多的损失。多数学者也证实市场份额与市场势力之间的正向反映关系。通过收集不同市场环境下的企业份额并加以研究，发现拥有较高市场份额的企业可以获得更多的市场利润。赵玻、陈阿兴认为主导零售商之间的并购会带来市场份额的显著提高，由此获得较强的市场势力来掠夺式定价。市场份额是市场势力的重要衡量方式，无论是在单边市场还是双边市场中，市场份额、市场势力的本质以及两者之间的关系并没有改变。

（三）双边市场中影响市场势力的主要因素

在单边市场中，厂商和消费者存在于单一价格水平的交易模式上，消费者对偏好产品的需求取决于其价格水平，厂商依据边际成本对产品进行定价，二者是纯粹的买卖交易关系。具备市场势力的厂商可以在提高产品价格但不会明显损失自身市场份额的情况下获利，此时可以使用价格加成的勒纳指数来测度市场势力，依据产品价格与厂商的边际成本的差距真实反映出市场势力的大小。而在双边市场中，平台作为内部化两边用户需求的场所，通过网络外部性的交叉将两边用户衔接在一起，提供平台服务，促成双方进行注册或者交易，平台与用户之间的关系并不是简单的单一价格的交易模式。所以，交叉网络外部性的存在使得选取指标衡量市场份额进而体现市场势力变得复杂化。

第四节 国外相关市场界定经验对我国的启示及相关建议

一、启示

大多数国家和地区对于相关市场界定考虑的内容是趋同的，例如，美国、欧盟在对相关市场进行界定时会合理考虑时间因素的影响，英国对相关市场进行界定时，会考虑产业上下游间的关系。不同国家选择的形式也有差异，例如，美国、欧盟会从产品和地域两个维度进行界定，而英国会从产品、时间和地域三个维度进行界定，还有国家会从产品、地域、功能、时间四个维度进行界定。

美国和欧盟在界定相关市场时多采取 SSNIP 测试法，并且要合理考虑相关权衡因素的影响，从产品、地域、时间三个维度对个案中的相关市场进行准确界定。中国是成文法国家，相关市场界定的内容规定在《指南》中，这同世界上许多国家规定方式一致，而判例法国家主要依据司法实践中提取出来的示范性经验发展成规则。

（一）关注相关时间市场维度

我国对相关时间市场没有足够重视，没有将其提到与产品市场、地域市场同一高度的位置。互联网企业产品的生命周期在不断缩短，在企业高度竞争、不断研发创新中时间的重要性凸显，有必要将其作为独立的考量维度。将相关时间市场纳入考量维度的国家不在少数，比如英国在《相关市场界定》文件中规定了相关时间市场。创新带动互联网企业高速发展，时间的重要性日益突出，我国立法应做出相应调整。

（二）参考相关市场界定方法

中国在相关市场界定方法规定上较传统，涉及供需替代分析法和假定垄断者测试法，应用到互联网领域缺乏具体可操作性。目前各国普遍采用的界定方法为假定垄断者测试法，还有一些特有的相关市场界定方法对中国立法有一定参考价值。如美国在《横向合并指南》中提及临界损失分析法、降低相关市场界定程度、营利模式测试法、销售方式测定，规定市场准入的及时性、可能性、充分性标准基础，引入合并模式、上升价格压力等新的评价标准。但是临界损失分析仍是以价格机制展开的检验，在互联网领域使用要谨慎。欧盟则考虑了企业合并或收购后在未来市场上的地位，还引入了营利模式测试法，这些经验有助于完善我国相关市场界定方法。我国在借鉴他国经验时要综合考量具体国情和当前市场发展情况，尤其是互联网领域的发展情况。

二、相关建议

（一）确立企业相关市场界定的原则

保持竞争中性原则，形成围绕反垄断法展开的经济政策体系。竞争中性原则不仅是界定相关市场时要考虑的原则，更是反垄断法应适用的指导原则。在面向经营主体时要秉持一视同仁的态度，保证市场内的经营主体能平等享受相关的政策支持，营造一个平等参与市场竞争的经济政策环境。

应秉持包容谨慎原则，遵循反垄断法的价值取向，做好反垄断法确定性和不确定性的平衡。立法机关在具体立法中，应考虑竞争实质，平衡好、保持好市场竞争活力与法律约束竞争的关系。司法机关在司法实践中要遵循立法价值，维护好市场竞争秩序和打击垄断行为。

（二）修正相关市场界定的方法

1. 供需替代分析法的调整

定性分析的供需替代分析在互联网新经济业态下仍是主流分析方法，要注意与互联网领域的有效结合。定性分析要考虑司法实践的复杂性，应结合多种因素综合考量。考量产品或服务的特性、用途、功能、用户习惯、潜在竞争者进入壁垒等因素，以达到准确认定的结果。

2. 假定垄断者测试法的调整

以 SSNDQ 测试法（质量下降测试法）替代 SSNIP 测试法。前文已经谈到以价格为基础的 SSNIP 测试法在面对经营者为吸引用户和收集数据、提供免费的产品时界定相关市场的困境。究其原因，是因为使用 SSNIP 测试法忽略了用户对大数据相关产品的质量与功能的重视度。在大数据市场中，质量与功能是非常重要的非价格竞争要素。基于此，可以采用 SSNIP 测试法的改良法——SSNDQ 测试法。该测试法站在用户体验角度，在对免费市场进行界定时，以质量下降取代价格上升，通过对产品的质量及性能因素施以不断的微弱但易被察觉的下降，观察用户使用其他替代性产品的变化，继而划分相关市场。相比于SSNIP测试法，SSNDQ测试法规避了从免费到付费的质变难题，在变量的选取上更具科学性，从而使得相关结论更为准确与稳定。但是，应当考虑到对质量的量化可能存在一定的难度。

当然，原有的SSNIP测试法存在适用上"失灵"的困境也是的确存在的，SSNIP测试法也并非总能准确界定市场上商品受到的竞争约束。作为多种经济分析工具中的一种，SSNIP测试和其他分析工具一样，由执法机构做出是否适用的选择。反垄断执法机构执法过程中，可以根据具体案件，更加灵活地采取定性或定量的分析方法。

针对大数据企业普遍采取的"免费"模式，或许创新一个基于用户投入成本上涨的假定垄断者测试法不失为一个良方。该投入成本除了金钱之外，还包括如时间、隐私、精力和安全成本等。用户选择服务或者产品时常会考虑下列因素：①金钱成本，使用软件需要会员与否，会员与非会员的使用功能差距；②时间成本，使用软件的下载时间、更新时间以及广告时间的长短；③隐私成本，需要同意哪些涉及隐私的条款才能换取软件使用权；④精力成本，熟悉软件耗费精力的多少；⑤安全成本，使用软件时相关信息是否会遭遇泄露，定位是否暴露住址。用户选择大数据产品时基本都会对上述因素进行衡量，因此可以设定这些"投入成本"合理幅度地不断上涨，若在上涨过程中用户选择其他的替代性产品，则将其纳入相关市场，直至该产品的"投入成本"上涨到用户不选择其他的替代产品时，该产品相关市场界定完成。

3. 引入营利模式测试法

营利模式测试法是指双边市场中，相关市场的界定可以根据平台的利润来源或营利模式做出判断，营利模式或利润来源相同的企业划分为统一市场。在反垄断法的规定中，只有"免费"的服务提供商不免费的时候，才会受到规制，对于本就是免费运营模式的互联网企业采取的竞争手段，我们应关注收取费用的另一边市场。

营利模式测试法的关注点虽然也集中在价格因素上，但其与SSNIP测试法的视角不同。营利模式测试法从企业含价格因素的营利模式与利润流向的角度出发，考察企业的营利模式、利润流向和竞争方式等，并综合大数据企业的市场结构特征进行替代性分析。营利模式相同或相似的经营者，则可能具有竞争关系，继而被界定属于相关市场。这一方法避免了复杂的网络技术问题，在 Home Benelux（比利时、荷兰、卢森堡经济联盟）案中，欧盟委员会界定了三个独立的市场，即上网接入业务市场、网络广告服务市场和网络付费内容服务市场，其界定的基准是商业活动不同的营利模式。

第五章 反垄断中的瓶颈垄断问题

随着经济的发展,瓶颈垄断问题在我国表现得越来越尖锐。虽然近十几年来我国学术界与实务界对垄断的研究热情与日俱增,研究深度也有了很大提升,但是对瓶颈垄断的研究还是显得相对滞后,只有少数学者在论文与专著中对瓶颈垄断较少提及。瓶颈垄断是反垄断法的重要规制对象,对瓶颈垄断的研究有利于学术界对反垄断法认识的进一步加深。本章包含瓶颈垄断的基本界定、瓶颈垄断原则、瓶颈垄断的法律规制问题三部分。

第一节 瓶颈垄断的基本界定

一、瓶颈垄断的概念

大量沉没成本的生成源于基础设施的建设,一些公司凭借这些基础设施而具有事实上的市场势力,瓶颈设施作为实施瓶颈垄断的中心环节,对瓶颈垄断的实施起着至关重要的作用。

经济学者根据其专业知识对"瓶颈"做出界定,称其是网络的组成部分,市场上暂时没有什么可以替代的。因此,瓶颈设施(亦称基础设施)是指为用户提供服务或产品所必备的,且难以重复建设或低成本制造的设施。

从表面上看,瓶颈垄断通过对瓶颈设施的利用,以达到影响其他经营者自由竞争的目的,是一种将竞争对手挤出市场、使得市场保持垄断阶段的垄断行为。大多数国家司法实践中一般都将瓶颈垄断纳入反垄断法规制范畴。

二、瓶颈垄断的构成要件

（一）瓶颈垄断的主体要件

1. 基于瓶颈设施而具有市场支配地位的企业

实施瓶颈垄断的主体具有相应的特定性，必须是通过对瓶颈设施的持有具备一定市场地位的企业才可以实施瓶颈垄断，其他主体即便实施同样行为也不构成瓶颈垄断。比如说中国电信通过对电信网络这一瓶颈设施的持有而坐拥市场支配地位，通过拒绝联通介入其网络或者通过索取高价介入费用阻止联通进入通信市场来达到瓶颈垄断的效果。与此相对应，联通由于不具备市场支配地位，它拒绝移动接入其网络或者提高接入价格则达不到瓶颈垄断的程度。

2. 实施瓶颈垄断的特殊主体

协会组织为了保护或增加共同会员利益的目的为会员提供信息以及解决纠纷机制等，而不是基于营利性，以保证会员参与竞争的优势地位。协会组织实施瓶颈垄断主要是通过收取较高的瓶颈设施费用，以协会的名义控制设施的使用费或者阻止其他竞争者入内，使非会员迫于竞争压力最终被排挤出市场。协会组织实施瓶颈垄断的目的在于直接或间接打击非会员竞争对手，保持、增强会员的垄断地位。

（二）瓶颈垄断的行为要件

1. 瓶颈垄断的行为内容

瓶颈垄断行为可以被定义为一个拒绝性行为，如果这种行为是排除其他竞争对手进入市场来维持其垄断地位，就被确定为一个瓶颈垄断，否则不确定为一个瓶颈垄断，而作为其他类型的限制竞争行为。

2. 瓶颈垄断的核心

瓶颈垄断行为的实质是排除竞争，必须是一种排斥性行为。表面上看，瓶颈垄断在行为方式上与垄断高价、拒绝交易有相似之处，但差别也较明显。比如垄断高价旨在获取高额利润，拒绝交易旨在排除竞争对手，而瓶颈垄断的核心是瓶颈设施。

三、瓶颈垄断的经济学分析

瓶颈垄断原则上强调瓶颈垄断厂商不得拒绝竞争者进入其设施，而对瓶颈设施索取垄断高价持宽容态度,一方面,是由于反垄断法主要针对市场势力的反竞争和排他性的经营策略,而对垄断高价进行规制并不是反垄断法的目的,因为反垄断执法机构几乎不可能判断什么是垄断高价,而对垄断企业进行价格管制是一种更可行的选择,反垄断法若禁止垄断性高价就会延缓其他企业(潜在竞争者)进入这一领域,从长远看是更多地损害消费者的利益;另一方面,反垄断法对瓶颈垄断厂商拒绝其竞争对手进入瓶颈设施有一种先入为主的反感,在于瓶颈垄断厂商拒绝竞争者进入其设施的反竞争效应可能大于对瓶颈设施索取垄断高价。因此,问题的关键在于从经济学角度看,追求利润最大化的瓶颈垄断厂商更倾向于哪一种选择。斯彭格勒在研究纵向合并的反垄断政策时,提出了一个重要的观点,他认为在两个相邻的上下游产业中,倘若有两个厂商分别处于各自行业的垄断地位,则会出现双重加价(Double Marginalization),消费者福利水平被降低到最低点;而如果同意其中一个厂商进行纵向一体化,则不仅会提高行业的利润水平,而且消费者面临的价格也会降低。也就是说,相对于垄断链所造成的更大效率损失,允许垄断厂商实施纵向一体化不失为一种更明智的选择。

假设垄断企业是以利润最大化为导向的微观主体,它有动力降低生产成本并使其最小化,以尽可能少的投入获取最大的产出,从而保证了企业内部的生产是充分有效的。然而根据莱波斯坦的研究表明,当垄断企业不面临外部竞争压力的情况时,并不能将产出推进到生产可能性边界之上,由此出现了大量的低效率现象。因此,当瓶颈垄断厂商由"桥梁"的垄断者变为"铁路运输"的垄断者,在没有外在竞争压力的情况下,将出现企业内部效率低下、服务质量恶化等低效率现象,从而带来社会总福利的下降。

第二节 瓶颈垄断原则

一、瓶颈垄断原则概述

(一)瓶颈垄断原则内涵

首先有必要说明的一点,国内有学者把此原则称为"必要设施原则""关键设施原则""基础设施原则""关键设施理论"等。此原则起源于美国,在美国反托拉斯法发展中有着悠久的历史。该原则的核心概念是:若一方控制了某一特殊设施（如枢纽或网络），必须和其他竞争对手达成合理的、非歧视性的条款，允许对方利用这一设施。通常，反垄断法领域将该原则理解为：如果一个在市场上具有支配地位的经营者掌握一项其他经营者参与市场竞争所必需的关键设施，并且该设施不能被有效地复制，那么他必须以合理的条件，将设施授权给其他经营者使用，以维护市场的有效竞争。"必需设施"在效果上类似于市场中的进入壁垒，不同于传统意义上的基础设施或者公共设施，它是其他经营者进入市场无法克服的竞争障碍。如果在现实中竞争者能够自行进行复制或者在市场上找到其他替代品，那么该项设施就不能列为"必需"。典型的瓶颈垄断原则案例发生在上下游垂直市场，当下游市场的竞争者如果不使用这些必需设施就面临着进入市场的巨大障碍，或者以其他设施替代会造成严重的不经济和资源浪费时，可以以瓶颈垄断原则要求上游设施拥有者向其提供该设施。

必需设施不仅包括传统意义上的铁路、桥梁、电力网络、通信网络等基础设施和网络，该原则也不断向无形的知识产权领域等非自然垄断领域延伸，特定的情况下只要设施是进入下游市场不可或缺的，并且难以进行复制，技术标准、知识产权等同样可以构成"必需设施"。

瓶颈垄断原则背后的经济学基础在于消费者对必需设施的社会需求程度高，并且使用该设施可以带来正向外部性，如果设施拥有者以公平合理的条件无差别地向设施使用者开放其设施，即使设施拥有者此时收取的是垄断价格，但是后续阶段因为其他经营者的加入会增加产品的供应，因此产品价格也会下降，进而可以提升社会整体福利。

（二）瓶颈垄断原则适用范围的界定

在此方面，主要论述瓶颈垄断原则所适用的市场是一个市场还是两个市场的问题。在这个问题上存在着全局性的基本观点，即只有在两个市场的情况下适用此原则才能达到利益的平衡，才能避免此原则的滥用以及所带来的消极影响，才有适用此原则的合理性和正当性基础。

学者们在这个问题上存在着很大的争议，有的主张基础设施控制者在基础设施经营的本身市场上拒绝其竞争对手，也属于瓶颈垄断原则适用的范围；有的学者则主张只有在基础设施控制者在与基础设施本身市场相关联的市场拒绝竞争对手，即涉及两个市场的情况下，才应该适用此原则。持第一种观点的学者认为，反垄断法并不要求原告在对基础设施的准入拒绝起诉时，证明两个独立但相关市场的存在。瓶颈垄断原则的案例表明，提起瓶颈垄断原则之诉的原告可以是与基础设施控制者在其占据垄断地位的同一个市场上的竞争者和顾客。

欧洲委员会和欧洲联盟法院也认为瓶颈垄断原则只应适用于垄断企业凭借基础设施在另一相关联市场上非法谋取垄断利益的行为上。在最近的一项判例中，欧洲委员会在把瓶颈垄断原则适用于知识产权时提出了新的依据。此判例中，委员会认为，一垄断企业拒绝许可同一市场内而非关联市场内的竞争者使用著作权的行为构成滥用行为，也即瓶颈垄断原则所规制的行为。但是，这种观点严重背离了欧洲委员会和欧洲联盟法院以前的做法。

此外，因为在很多著名案例中都是基础设施本身市场作为上游市场，另一市场作为下游市场的情形，所以还应强调的一点是，基础设施本身市场与另外的市场只需要相关联即可，无须要求特定的主从关系，无须基础设施市场必须为上游市场，只需控制者在两个市场都拥有利益而与基础设施本身市场之外的市场竞争者有利益冲突即可。

（三）瓶颈垄断原则适用标准的界定

与适用范围的界定一样，适用标准的界定也决定着瓶颈垄断原则的适用情况，并且具有更大的意义。适用标准的严格与宽松，将更直接地决定此原则是被滥用还是得到合理谨慎的使用。

按照瓶颈垄断原则认定法律责任的四个要素如下：①一个垄断者控制了基础设施。②竞争者在客观上不能复制该设施或者复制在经济上不可行。③垄断者不允许竞争者使用该设施。④对垄断者来说提供该设施是可行的。作为一个广为采用的标准，此适用标准显然具有简洁明了和概括准确的优点，但是也具有某些不足之处，首先，此标准没有表明在不授予准入权的情况下，相关联市场中是否必须缺乏竞争。其次，此标准也没有设定授予准入权应达到的目标。最后，此标准也没有规定垄断企业是否能基于合法的理由而正当地拒绝其竞争者的准入申请。

美国反垄断法学者认为，在美国瓶颈垄断原则的要素包括：①对一设施的拥有或控制，不管此设施是实体的还是无体物。②竞争者不可能通过其他的渠道展开竞争，或不可能复制所涉设施。③所涉设施是一个瓶颈设施，所以对于下游市场中竞争的发展是不可或缺的。在此之外，为判定违反了反垄断法而必须依据的辅助因素包括：①正式的或事实上的拒绝准入基础设施。②对于此拒绝并没有合法的理由辩护。③拒绝对竞争的消除影响不只是暂时性的，而是相对永久性的。此标准的优点在于增加了垄断地位企业在有合法理由时可以正当地拒绝准入的规定，并强调了拒绝准入对竞争的影响的长久性。不足点则在于：首先，没有说明在准入申请被拒绝后，相关联市场上是否存在有效的竞争。其次，此标准也没有设定授予准入权应达到的目标。最后，没有清晰地表明两个独立但相关联市场的存在，容易导致瓶颈垄断原则的滥用。

欧洲学者认为，在决定某项基础设施的准入是否应该授予时，应考虑四个问题，分别为：①是否存在一个经过合理定义的下游市场，在这个市场上竞争缺失或严重缺乏。②在授予寻求准入的企业准入权后，是否能在下游市场中显著地增加竞争。③是否存在其他的途径（包括复制基础设施），使寻求准入的企业能在下游市场中与垄断地位企业展开经济上可行的竞争。④在下游市场中是否已经存在其他的有实力企业，此企业不需要使用所涉基础设施就可以与垄断企业展开竞争。只有在这四个问题都得到肯定答复的情况下，才会导致在适用瓶颈垄断原则方面的合理性；如果这四个问题都得到了否定的答复，则因为投资和创新冲动受到损害而产生的损失就超过了授予准入所能获得的竞争利益。

欧洲委员会在提交给经合组织的报告中认为，在拒绝交易案件中，在判断是否应授予准入权时，应回答以下几个关键问题：①所涉设施是由竞争者们联合建设或创办的，还是由一个垄断企业单独建设或创建的。②此设施的生产量是否是无限的，如果不是，还有没有空闲的生产量。③除了与基础设施控制者相关的企业之外，下游市场中还有多少企业。④是否下游市场中的竞争严重地影响了下游市场中买方支付的价格。⑤在拒绝交易上企业有什么合法的商业理由为之辩护。在第一条上，此标准显得比较新颖，并有可能会由于基础设施控制者数目的不同而得出不同的结论。但此标准也是存在着不足之处，首先，其第二条应该是属于第五条下面应予以考虑的一方面，所以重复多余。其次，第三条和第四条的规定不能达到清晰界定相关联市场中竞争状况的目的，因为企业数目的多少与竞争状况的好坏并没有直接的联系，买方支付的价格受到的影响也不能完整地反映竞争受到影响的程度。

在考察并分析上述适用标准之后，我们可以认为在适用标准的构成要件上，应该包括以下因素：①两个独立但相关联市场的存在（这个要素应该由于限制瓶颈垄断原则的滥用功能而成为适用此原则的前提条件）。②基础设施控制者对于准入申请的拒绝。③相关联市场上竞争的缺失，并且这种缺失状况是否持续。④基础设施在相关联市场上对于竞争的有效开展所具有的不可或缺性。⑤基础设施的不可复制性和不可替代性。⑥准入申请被授予后对关联市场上竞争状况的影响。⑦在拒绝准入申请时，基础设施控制者是否拥有合法的理由。

因此，一般意义上，瓶颈垄断原则的适用标准如下：①在某特定市场上的垄断企业在此市场中拥有或控制着某一特定设施,并利用此设施在与此特定设施相关联的市场中展开经营。②相关联市场上竞争缺失,且这种情况是相对永久的。③所涉设施对于关联市场上的竞争的开展具有不可或缺的作用。④所涉基础设施由于技术、法律因素方面的阻碍,或者由于经济上的不可行而不可复制。⑤在准入所涉基础设施之外,没有其他的途径使关联市场上的其他经营者与基础设施控制者展开竞争。⑥准入的授予能显著促进关联市场中的竞争。⑦基础设施控制者对于拒绝准入申请没有合法的理由。

二、瓶颈垄断原则的发展历程

美国反垄断法的瓶颈垄断原则是沿着三类案例的演变而逐步形成的。也就是传统的联合抵制(也称共同拒绝交易)案例、合资企业基础设施案例、单个企业瓶颈垄断案例。

(一)圣路易斯终端铁路案

目前,学界一般认为瓶颈垄断原则起源于美国联邦最高法院的"圣路易斯终端铁路案"。在该案中,密西西比河流经圣路易斯市,将该地区分为东西两个区域,两座铁桥 St.Louis Bridge(圣路易斯桥)和 Merchants'Bridge(招商大桥)连接东西两区的交通,同时 Wiggins Ferry(威金斯渡轮)公司经营水上运输服务。铁桥和轮渡设施都在河岸两侧设有换乘车站等设施,以便连接整个商业区。桥梁、轮渡和换乘车站这三个设施系统原属于不同的公司经营,相互处于竞争状态。作为被告的多家铁路公司合资成立 Terminal Railroad(终端铁路)公司,并先后通过收购最终控制了桥梁、轮渡和相关的连接设施,导致原本处于竞争状态的三家渡河设施系统皆属于 Terminal Railroad 公司所有。根据法庭证据显示,这家公司设立的目标就是为了完全掌控圣路易斯河的各类跨河设施。由于被告的收购行为,原本的竞争关系不复存在。Terminal Railroad 公司还规定在其他铁路公司未加入成为会员之前,不得使用其渡河设施和其他附属设施,因此造成许多必须进入或经过圣路易斯市的铁路线路无法继续运行。

联邦最高法院在分析 Terminal Railroad 公司的行为是否违法时,认为被告虽然拥有进入圣路易斯市所有的渡河设施辅助设备,但是是否限制了市场竞争取决于被告行为的意图和方式。联邦最高法院认为圣路易斯市的地理限制使得建造多座铁桥以及其他辅助设施不切实际,因此所有经过或者进入圣路易斯市的铁路都需要使用 Terminal Railroad 公司的相关设施,也仅能选择与 Terminal Railroad

公司合作并接受其开出的交易条件。但是非 Terminal Railroad 公司股东的铁路公司想要使用铁路设施必须经过全体股东的一致同意，否则就要支付较高的使用费，这使得其他非股东的铁路公司处于竞争劣势。联邦最高法院认为，被告通过 Terminal Railroad 公司联合掌控圣路易斯市当地所有的渡河设施造并导致所有通过或过往的铁路公司皆被迫接受其条件的行为已经构成州际的商业限制，违反了《谢尔曼法》第一条的规定，同时也违反第二条试图垄断的规定。法院最终判定要求 Terminal Railroad 必须修改其内部章程，让其他铁路公司可以与现有的成员公司享受相同的权利和义务，提供相同的服务内容与收费标准，保证所有经过或路过圣路易斯市的铁路公司均可以平等地使用其渡河设施和相关辅助设备。

该案例虽然没有明确提出瓶颈垄断原则这一理论，但是可以总结出法院认为如果没有其他可替代途径而必须使用某一项设施才能参与市场竞争时，控制某项必需设施的企业应当尽量按照合理公平的条件向其他竞争者开放使用其设施的机会，这也是瓶颈垄断原则最根本的精神。

（二）美联社案

在圣路易斯终端铁路案之后，1945 年联邦法院在美联社案件中也做出类似的判决。在该案件中，Associated Press（美联社）是由超过 1200 家报社组成的协会，该协会将采写的新闻发给各成员报社，成员报社则支付相应的对价。根据协会的内部章程，非会员的报社不得使用协会的新闻，并且协会成员有权阻止其他与成员报社有竞争关系的报社成为协会的会员。美国政府起诉该协会，认为该协会的内部章程涉嫌构成不正当的联合行为，限制了新闻市场的竞争。

联邦法院认为，Associated Press 的内部章程规定不得将新闻出售给非会员报社，还设有相应的处罚条款，限制了新闻的正常流通，阻碍了州际新闻市场的竞争。这些限制造成其他非会员报社无法向 Associated Press 或者会员报社购买新闻，也因此无法提供多元化的新闻内容，使非会员报社的新闻数量严重低于会员报社，造成非会员报社的客户流失并最终失去竞争力。

此外，Associated Press 还严格限制与既有会员有竞争关系的报社入会，这些申请者入会将面临更严格的条件和高额的入会费用作为对既有会员所受损失的补偿。美国联邦法院认为，即使经营者有权选择其交易对象，但是不能过度行使其权利，借企业之间的联盟不正当地阻碍自由贸易的发展。这些内部规定本身已经严重限制并阻碍了非会员报社的州际新闻报道和买卖，构成了限制竞争的行为，Associated Press 是否达到完全垄断的程度已经无关紧要。非会员报社无法取得最大的新闻组织及其会员的新闻将对他们的竞争力产生严重不利影响。法院因此判决 Associated Press 应修改其内部章程，不得拒绝与既有会员有竞争关系的申请者入会或因此附加其他不合理条件，也不得禁止协会和协会会员将新闻出售给非会员报社。

上述两例案件均为多家企业联合进行的限制竞争行为，综观法院的判决内容，两案中法院皆认为在特定条件下，掌握进入市场竞争所必需的设施的经营者不能恶意拒绝其他竞争者使用其设施，否则法院会适用《谢尔曼法》认定该等联合行为限制了州际商业贸易的公平竞争。学界通常将上述两例案件视为法院适用瓶颈垄断原则进行认定的案件，在之后的案例中，亦有单一企业拒绝交易行为适用该原则的情况。

（三）Otter Tail 案

本案被认为是美国案例中第一个单一企业适用瓶颈垄断原则的案例。在该案中，Otter Tail（水獭尾）公司是一家拥有城镇特别许可的跨州经营的电力公司，为超过 400 多个城镇零售配电，并在某些城镇从事批发售电业务。一般而言，每个城镇的供电系统都是统一的，这让电力公司在供电市场处于垄断地位。当许可期满之后，部分城镇想要自行建造城市电力系统取代 Otter Tail 公司的电力零售服务。但是即使自行建造电力系统，仍然需要借其他公司的电力网络输送对外批发采购的电力，而当地唯一的电力网络属于 Otter Tail 公司所有。理论上虽然可以再建造一套供电网络，但是，原有的电力传输网络足以满足当地电力供应的需求，重复建设会造成资源浪费，且成本过高而不切实际，因此这些城镇欲向 Otter Tail 公司批发采购电力。而 Otter Tail 公司拒绝向这些城镇批发出售电力，并且拒绝这些城镇使用其电力输送网络。之后 Otter Tail 公司还试图通过对城镇提起诉讼影响城镇进行筹资建造电力系统的计划，以达到独占这些城镇电力供应系统的目的。

联邦最高法院认为，Otter Tail 公司在其服务的城镇拥有垄断地位，其他经营电力零售业务的经营者因为无法使用 Otter Tail 公司的电力网络而无法对外采购批发电力，Otter Tail 公司的拒绝交易行为没有正当的理由，只是为了避免可能出现的竞争状态而危害其市场独占地位。这些限制使得其他经营者无法与之竞争，因此，Otter Tail 公司的行为属于滥用市场支配地位排除可能产生的竞争，违反了《谢尔曼法》第二条的规定。Otter Tail 公司主张如果不使用上述策略阻止城镇接入其电力系统，各城镇可能都将会转入公营系统配电，本公司的竞争地位将受到威胁。联邦最高法院认为，反托拉斯法的立法基础就是为了让经营者通过更低的成本、更高的效率和提供优质服务获取市场竞争力，而不是以反竞争的方式取代竞争，因此 Otter Tail 公司的抗辩并不是合理的商业理由。

这一案件属于单一拥有市场支配地位的企业拒绝交易的情形。法院继续采用了前案处理的思路，即如果处于市场支配地位的企业控制相关市场上其他经营者进入市场的唯一设施，如案件中的铁路设施、新闻、电力传输网络等，该企业没有正当理由拒绝交易的行为可能会违反《谢尔曼法》。这一思路也是瓶颈垄断原则的雏形和基础，在之后的案件中得到了延续和发展。

第三节 瓶颈垄断的法律规制问题

一、我国日益严重的瓶颈垄断

（一）我国现实经济生活中瓶颈垄断的表现形式

随着我国改革开放的深入发展，我国经济体制从计划经济转为商品经济最后过渡到市场经济，市场竞争日趋激烈，一些非自然垄断行业在拥有瓶颈设施后滥用其市场支配地位。目前我国现实经济生活中瓶颈垄断的主要表现形式有以下几种。

①单向拒绝接入，是指在市场上只有一个企业拥有瓶颈设施，该企业拒绝向竞争对手接入其设施；或者上游垄断者拥有瓶颈设施，并在下游市场与进入者在产品和价格方面进行竞争，但是拒绝进入者接入上游的瓶颈设施。

②双向拒绝接入，是指市场上的若干垄断者分别拥有各自的瓶颈设施，但是这些垄断者相互之间均拒绝对方接入自己的瓶颈设施。这将导致市场被人为地分割成几大区域。

③在知识产权领域中拒绝许可，是指知识产权人拒绝授予其竞争对手合理的使用许可，从而排除其他人的竞争，以巩固和加强自己垄断地位的行为。法律赋予知识产权人对知识产权享有专有性或者排他性的权利，通过其创造性的智力成果在一个有限时间和一定地域内就某种产品的生产或者销售取得市场优势地位，甚至垄断地位。然而，授予专有权不是国家保护知识产权的最终目的，而是保护知识产权的手段，即国家通过给予知识产权所有人在使用其智力成果方面享有排

他性的权利，以鼓励社会的发明与创造工作。

（二）我国现实经济生活中瓶颈垄断的主要特点

瓶颈垄断大多发生在自然垄断行业领域，由于瓶颈设施往往具有网络性、资本巨额性、固定资本沉淀性等特征，因此，通常只有自然垄断行业才具有瓶颈设施。关于自然垄断行业的界定，理论界与实务界均没有一个明确的答案。我国的自然垄断行业长期实行事业化管理体制，即企业的市场经营与行业管理相结合，有着双重的法律地位。一方面，它们是供应自来水、煤气、电力，承担铁路、航空客货运输，从事邮电和电话业务的民事主体；另一方面，在管理机构的设置和职能上，它们又处于行业管理地位，是行政主体。

二、我国瓶颈垄断的法律规制现状及缺陷

我国《反垄断法》并未对瓶颈垄断的规制问题做出具体的规定，仅仅以一些原则性的条款作为兜底规定对其进行规制。

（一）对瓶颈垄断行为的相关规定较为模糊笼统

在我国现有法律框架中，关于瓶颈垄断行为法律规制的规定相对宽泛、模糊，且过于原则性。虽然这种弹性式的规定在一定程度上能够适应日后的经济变化，但缺乏具体规制，并且对经营者也很难起到足够的警示作用。如在"微信收费"之争中，运营商显然具有瓶颈垄断地位，然而由于相关法律法规的不完善以及反垄断法的笼统模糊性规定，难以对相关市场做出明确的界定，因此无法对运营商的行为是否构成瓶颈垄断进行准确的判定，最终致使运营商非但没有及时主动地公开其业务数据，而且还变本加厉，对其客户实行高额收费。

（二）对瓶颈垄断的豁免没有做清晰的界定

反垄断法最重要的功能是保护自由竞争。反垄断法中的豁免制度在保护市场竞争、促进国内经济发展、维护社会公平等方面发挥着举足轻重的作用。近年来，随着经济的全球化发展，豁免制度无论是在范围、内容还是在实施方式上已经发生了一系列的变化。

然而，我国现行《反垄断法》并未对瓶颈垄断的豁免范围做出明确的界定，也未列举其具体情形，只是对其进行规范性的概括规定。一方面，为执法活动的实施提供了细化和自由裁量的空间；另一方面，也导致法律漏洞的出现。如"微

信收费"之争中,如果运营商实行微信收费,其所收取费用的主要用途是完善信令通道、疏通移动网络通道或者激励知识技术创新,那么这种维护社会整体利益的行为,可以适当考虑豁免。

(三)对瓶颈设施索取垄断高价行为持宽容态度

我国《反垄断法》明确禁止瓶颈垄断经营者拒绝其竞争者进入设施,而对利用瓶颈设施获取垄断高价的行为持宽容态度。倘若允许瓶颈垄断经营者以垄断高价对竞争对手进行压制,就会极大地破坏正常的市场竞争秩序,从长远意义上讲,会导致后来者失去创新的信心和勇气。

三、完善我国瓶颈垄断相关立法的建议

(一)完善相关立法内容

1. 厘清瓶颈垄断的概念

只有清晰明了地定义了瓶颈垄断的概念,我们才能对一些可能是瓶颈垄断的行为进行法律上的界定。概念是人类认识成果的结晶,是人类思维的形式。没有概念,就不能进行判断和推理。只有明确了瓶颈垄断的概念,才能对瓶颈垄断进行认定。因此,我国反垄断法应当明确规定禁止瓶颈垄断行为,具体规定什么是瓶颈垄断,而且立法应当明确区分瓶颈垄断、垄断高价、拒绝交易等行为。区分瓶颈垄断与垄断高价的关键在于前者对竞争对手索取高价的目的在于拒绝新的竞争者进入市场,以维持或提高其市场支配地位,后者则纯粹是为了获得高额垄断利润。区分瓶颈垄断与拒绝交易的关键在于前者凭借的是占据关键设施产生的绝对的市场优势,后者凭借的是相对的市场优势,参与交易的企业之间存在一定的力量差距,即某一市场的特定企业在其运营中客观上必须依赖另一方企业的供给或需求,一旦其依赖的企业切断供给源或需求源,该企业就将在市场上处于竞争劣势,甚至可能会被淘汰。

2. 合理确定瓶颈垄断的豁免范围

我国在反垄断立法中应当明确规定瓶颈垄断的豁免情形,凡行为对整体经济与公共利益的益处大于限制竞争的不利后果的,都有可能受到反垄断法的豁免。豁免的规定应当分为原则性规定和具体明确规定。我国反垄断法应当对瓶颈垄断规定公共利益原则,辅之以具体规定什么类型、什么领域、什么产业环节的瓶颈

垄断予以豁免。

豁免范围并非永恒不变，随着经济的发展变化，豁免范围也应当发生变化。因此，法律应当赋予公权力机关在特殊环境下通过法定程序撤销原先做出的豁免决定的权力。而且，为了适应社会经济的变化，应当对瓶颈垄断的豁免设置一定的年限，超出这一年限，豁免失效。企业可以向反垄断执法机关重新申请豁免，是否同意，由反垄断执法机关依据当时的具体情况做出决定。

3. 注意一般法与特殊法的衔接

瓶颈垄断规制适用于拒绝与竞争者交易的行为。在我们国家的《反垄断法》所有条文中，对瓶颈垄断情况下适用的条款的具体规定，有一个界定瓶颈设施或企业拒绝让竞争对手进入其设施的故意行为的困难。在被拒绝的关键设施的欲进入使用者使用规定瓶颈垄断的相关规定，拒绝竞争者得到相关市场的垄断行为时，他们之间的关系应被定义为一个横向而不是纵向关系的竞争。

成熟的电信法、电力法、铁路法、航空法、知识产权法等法律会对滥用瓶颈设施的行为有所规定。相对于反垄断法，它们都是特殊法。依据特殊法优于一般法的规则，当对同一行为的规定有所不同时，应当优先适用特殊法。但是相对于特殊法，一般法遵循的原理更基本，在特殊法未做规定、规定不明或者规定有矛盾冲突的情况下，就需要用《反垄断法》这部一般法对瓶颈垄断进行规制了。因此，为了法律的统一、协调，在立法中应当注意反垄断法与电信法、电力法、铁路法、航空法、知识产权法等法律的衔接。

我国应当在反垄断法中对瓶颈垄断做出统一的规定，修改电信法、电力法、知识产权法等法律，使这些法律与反垄断法相衔接并使反垄断法得以扩展。如在反垄断法中应当规定滥用知识产权限制市场竞争适用本法有关滥用市场支配地位行为的规定。在知识产权法中则具体规定滥用市场支配地位的行为类型，其中包括滥用知识产权的瓶颈垄断。

（二）完善规制瓶颈垄断的制裁机制

对违法的瓶颈垄断要通过反垄断法，设置一定的市场结构标准和市场行为标准，通过制裁违法行为，保持合理的市场结构，维护市场竞争，保护消费者利益。行为人是否实施违法行为主要是通过衡量违法成本和违法收益后做出决定的，因此，反垄断法在规制瓶颈垄断时要提高行为人实施违法行为的成本，遏制其对抗法律的欲望。

1. 建立瓶颈垄断的预防措施

由于瓶颈垄断的基础是瓶颈设施，因此，假如单个企业不享有瓶颈设施，但当若干个企业通过合并、董事兼任、联营、股份控制等形式达成兼并而产生瓶颈设施时，公权力就应当介入，建立兼并审查制度，阻止企业的兼并或对企业的兼并附加条件，要求企业兼并后对外公平、无歧视地开放瓶颈设施。

2. 设立有弹性的处罚措施

法院可以依据瓶颈垄断行为人的态度和事后行为等采取不同的措施，如命令开放进入、行政罚款等。

命令开放进入是指，法院在认定行为人的行为构成瓶颈垄断，但行为人尚未造成严重损害时，可以直接做出命令要求行为人对其他市场主体以公平的条件或价格开放瓶颈设施。

行政罚款适用于瓶颈垄断的证据确实存在，且已经造成了严重危害后果的情形。罚款的标准应根据当事人当年的销售额的一定百分比确定，并且应当足以威慑行为人。

为进一步体现行政处罚的力度，同时调动私人诉讼的积极性，反垄断法应当规定，反垄断主管机关在查清事实的基础上做出的行政罚款决定中对有关事实的认定，可以作为私人诉讼的直接证据。

（三）设置合理的规制瓶颈垄断的主管机构

目前，针对我国瓶颈垄断的特征和我国反垄断立法执法的进程，我国在设置规制瓶颈垄断的主管机构时，应当特别注意在对政府监管机构和反垄断执法机构进行权力分配时要各有侧重，使其紧密合作、分工配合，在不同的改革阶段，赋予其不同程度的权力，其职能不能被人为地对立和割裂。也就是说，在瓶颈垄断领域引入竞争的阶段，要侧重于赋予政府监管机构相对较多的权力，但是随着瓶颈垄断领域竞争程度的增加和市场机制的完善，反垄断执法机构需承担的责任将越来越大。因此，结合我国的国情，我国应当设置能协调运作的规制瓶颈垄断的主管机构。

1. 设置独立统一的行业监管机构

目前，设置独立的行业监管机构是解决瓶颈垄断问题的关键。行业监管机构的独立性，体现在以下几个方面：①它独立于被监管企业，与被监管企业没有任何财产、人事等联系，具有相当充足的经费预算和人员聘用自主权，只有这样，行业监管机构才可能保持中立，在处理事务中做到不偏不倚。②它独立于其他的国家部门，只有它与其他国家部门没有相互牵连，并且不受其他国家部门的牵制，才能保证它顺利依法完成其管制职能。③它具有相当的权威性，其组织框架可以采取委员会的形式，实行集体负责制，最高核心成员，即委员长由国家主席提名，并经全国人民代表大会决定，在日常事务中，委员会内部实行民主原则，例行少数服从多数的规则，在票数相同的情况下由委员长决定。

行业监管机构的统一性在于电信、电力等具有瓶颈垄断性质的行业都由该监管机构管制，监管机构内部成员来自不同的行业和部门，具有稳定性，他们熟悉不同行业的技术、法律等。只有这样，才能保证在这些领域的类似的案件得到类似的处理结果。同时，也可以综合各行业的精英人才，充分利用执法资源，提高执法效率。

2. 设置独立的反垄断执法机构

独立、权威的反垄断执法机构是指一个凌驾于各行业之上的，并独立于其他国家部门，具有权威性的反垄断执法机构。按照现行的法律体制，我国将竞争法的执行分散在国家商务部、国家市场监管总局、国家发改委、国资委、电监会、工信部等部门，导致权力分散、资源浪费，并引起执法机关争权或相互推诿，各个执法机构的权威性、独立性较低，与《反垄断法》作为"经济宪法"的地位不相称。虽然设置独立、权威的反垄断执法机构困难重重，例如，①上述各部门必将争夺充当反垄断执法机构的机会，可能导致部门之间的不协调。②将导致执法成本的增加。但是，设置独立、权威的反垄断执法机构是国际趋势，也是加强我国与国际社会反垄断执法的沟通与合作所必需的，而且，随着我国国民和企业竞争意识的提升，我国设置独立、权威的反垄断执法机构的土壤越来越肥沃。

独立的反垄断执法机构意味着该机构独立于其他各部门，与其他各部门不存在利益关系，可以独立决定人事任免和财务预结算。有权威的反垄断执法机构意味着该机构的级别是足够高的。在我国，反垄断执法机构应分为国家一级和省一级，不适宜在省一级下设办事机构或主管机构。同时，国家一级反垄断执法机构应当直接对国务院负责和汇报工作，不须对其他任何部门负责或汇报工作。

第六章　中国反垄断对策与新经济的发展

在我国进入新发展阶段、大力推动构建新发展格局之际，维护市场公平竞争环境，高效能打造和释放市场竞争法治的优势与动能，科学定位反垄断法在新发展格局下的重要作用和价值，动态平衡自由竞争与公平竞争、经济效率与消费者权益、竞争与创新、发展与安全等之间的关系，成为新发展格局下经济高质量发展的基础与保障。本章包含新经济理论、新经济行业的特点、新经济发展下反垄断法的使命和价值定位、新时期中国反垄断的基本对策、新时期新经济平稳发展的建议五部分。

第一节　新经济理论

一、新经济的内涵

"新经济"一词最早出现在 20 世纪 90 年代《美国周刊》的一篇文章中，该文章认为，新经济的发展背景由经济全球化和电子信息技术构成，并由这两大趋势带动了高新技术的迅速发展，使得美国进入了经济快速增长的全新时代。

近年来，因创新资源禀赋和经济发展基础的不同以及技术创新实践的不断深化，新经济对世界各国和地区产生了不同的影响。美国多年来不断修订"国家创新战略"，明确了先进制造、精密医疗、先进汽车、高性能计算等创新战略领域。英国发布了《交付计划 2019》，在人工智能、大数据、清洁能源及无人驾驶系统等研发和创新活动中，确保英国产业战略目标的实现。德国全面实施《工业 4.0 计划》，结合信息通信技术和网络空间虚拟系统来打造智能工厂和智能生产。法国推出了 34 项创新计划，加大大数据、未来高铁、卫星空间、重型飞艇、纳米电子技术等项目的投入和支持力度，展开创新和研发活动，以建设新工业法国。

中国也相继推出了"互联网+"发展理念和"中国制造2025"战略规划。从各国培育新动能、发展新经济的国家战略上看，高新技术产业成了新经济的龙头产业，而且新经济不仅涉及先进制造业，还包含高端技术服务业。新技术和新知识所带来的经济增长成就了新经济创新驱动的本质。新经济的发展不仅可以颠覆传统的服务模式，为经济社会的生产生活方式带来巨大的变革，还可以提升产品附加值和技术密集度，能够在新旧动能创新融合发展过程中，推动传统行业技术升级改造，调整产业结构，对经济发展起到决定性作用。

2018年9月公布的《新经济产业生态报告》认为，当前的新经济是知识创新下的知识经济，是创意产业下的智慧经济，是由信息技术和互联网技术带来的信息经济、数字经济。以无人零售、知识付费、区块链、人工智能、服务机器人、智能家居、互联网家装等新技术为主的核心驱动力是新经济产生和发展的重要来源。新经济往往还表现为在新技术的驱动下所催生出的新业态、新商业模式和新平台，呈现信息在线化、渠道平台化、消费个性化、管理数字化的特征。

我国政府高度重视新经济的统计测度，在《新产业新业态新商业模式统计分类（2018）》中界定了新产业、新业态、新商业模式的"三新"经济。从文件中对应的国民经济行业来看，新经济以国家战略性新兴产业为龙头，不仅包含了"中国制造2025"高技术经济，更体现为知识经济、数字经济、信息经济，具有高端人力资本投入强度大、重研发轻资产、成长速度快的特点。蔡阳认为新技术、商业模式创新以及创业型公司构成了新经济的核心概念。夏永指出当前的新经济表现为经济的可持续发展和高新技术的产业化，是传统经济上的创新。莫祯贞和王建认为零售、支付和仓储物流的无人化运营、虚拟现实、智能化家具等场景是新经济创新的发生器。李海舰认为新经济不仅体现为要素驱动向创新驱动转变的新动能增长，还包括长尾经济、共享经济、体验经济、平台经济。

二、新经济企业

从新经济活动范围看，新经济行业从事与先进制造、互联网现代技术、新型能源、节能环保、新型生产生活性服务等有关的创新活动。所以，传统行业中的企业通过向产业互联网各领域快速布局，在融合"大智移云"新技术的基础上，不断改善传统产业链，也将推动企业精细化运营和转型升级。如传统零售业中的电商零售、生产运输业中的新物流、互联网在线教育、互联网金融、医药行业中的智慧医疗等新产业生态平台的不断涌现，拓宽了新经济创新场景。

因此，判断一个企业是否是新经济企业除了符合战略性新型产业的要求外，往往要结合企业的创新行为来判定。与此同时，在"互联网+"的发展理念下，新经济企业不仅仅局限于制造业，服务业中的新经济企业将会越来越多。从新经济发展特点来看，新经济完全不同于依靠生产要素投入粗放式发展的旧经济，成长速度快、创新投入强度大、人才素质高将是新经济企业的重要特征。从企业行为上看，新经济企业的某种新经济业务收入占比应超过50%。

结合以上内容，新经济企业是指企业普遍的创新行为或者主营业务符合战略性新兴产业或者高新技术产业的发展方向，不断加大创新投入力度，优化人才结构，研发新技术，探索新知识，以聚集新产业、凝聚新业态、打造新平台来实现创新驱动战略的企业。

三、新经济的界定

新经济是新产业、新业态、新商业模式生产活动的集合。新经济不仅包括新兴产业和业态，也包括应用新科技实现转型发展的传统产业。

新产业是指借助技术创新产生的新兴经济产业活动。其具体包含：新兴技术产业发展创新融合出的新产业；传统经济产业运用创新技术升级产生的新产业；创新成果实际运用到生产中产生的新产业。

新业态是指为适应市场快速变化的产品服务需求，借助互联网大数据等创新运用，在传统的生产服务流程中加入提升整体效率的新环节、新活动的形式。其具体包含：开创以互联网为背景的新型经营活动形式；对生产服务流程进行适应市场需求的创新优化；以大数据为基础为客户提供有针对性的个性化产品服务。

新商业模式是指充分挖掘客户的需求，保证企业实现营利的目标，要求企业依据现有的资源结合市场实际需求变化趋势进行有效的整合重组，形成有别于传统模式的新型商业模式，为企业带来符合市场发展趋势并具有高度竞争力的商业运行模式。其具体包含：将互联网大数据技术与传统商业模式进行有效整合创新；将创新硬件设备植入商业服务中；充分挖掘客户全方位的需求，为客户提供全链条的服务。

第二节 新经济行业的特点

一、技术创新

当前新一轮的科技革命和产业改革升级已经成为世界各国争夺的制高点。我国保持经济平稳发展的目标与追求技术进步是同样的路径，因为技术进步正是未来经济产业发展的核心因素。

从技术经济范式分析来看，当前新一轮科技革命是以信息技术为基础发展起来的。从20世纪的计算机芯片处理技术到当今的5G通信技术，均是由技术进步带来一轮又一轮新产业的孕育与壮大，各国争夺信息技术领域的技术进步是为了更早抢占未来智能化的产业技术优势。

技术范式革命直接推动了经济范式革命。首先，以大数据为背景的信息链条将成为生产要素，直接影响整个社会的生产效率，对预计未来发展起到核心作用。其次，技术进步直接改变原有资本与劳动力的素质，提升了全要素生产率，并让经济发展的各个环节都发生了显著变化，改变了以往传统的生产、销售模式。再次，当前技术进步已在众多领域得到运用，从无人驾驶汽车到智能物流等各个领域均由技术进步推动了整体社会生产效率的进步，并且由智能数据处理机制为生产者提供了更为准确的市场信息，为消费者提供了极具个性化的产品与服务，市场也正在形成以智能为核心的现代信息系统。最后，以消费者为中心的商业模式将集合专业化大规模生产与个性化定制生产的共同优势特点，打破以往固化的生产模式，为小而精、大而全的技术创新带来更加完善的市场空间，经济增长将获得新的增长点。

由技术范式革命推动的经济范式革命，区分了新经济与传统经济的特征。过去十多年我国互联网科技进步举世瞩目，特别是近年来移动端各类创新技术的蓬勃发展，为我国消费者在生活的诸多领域带来了颠覆性的改变，围绕移动端互联网技术衍生出来的新产业、新业态、新商业模式已经成为当前所有企业思考和探索实践的方向。当然，要实现新经济持续保持高增长、高质量，仅仅依靠某一项领域的突破性进步是不可能的，在实现现有技术进步带来充分发展活力的同时，社会需要警惕进入特定领域的"路径依赖"陷阱。

我国要保持新经济的持续高质量增长，要充分认识到技术进步的核心作用，持续推动大规模技术创新向实体成果进行转化，借助技术进步引领全要素生产率的提升。对于新经济企业而言，持续 R&D（研究与开发）投入是保持技术领先的核心要素，积极将创新成果与传统第一、二、三产业相结合，推动创新成果对社会产生整体的溢出效应。技术进步除了对我国经济增长有巨大的贡献作用外，中国移动端创新、中国新商业模式正成为中国走向世界的重要名片。

二、平台性

数字经济时代是借助"网络云端"这一便捷的平台发展起来的。新经济行业得益于互联网不受时间、空间因素桎梏的优势，卖方与消费者间的距离大大缩短，"中间商层层赚差价"的模式在数字经济中被打破，极大地降低了交易成本。此外，各种信息流通也不再像传统实体经济中那样受到行业巨头的重重抑制，使得信息更加透明化。同时，也正是基于互联网平台无实物限制的特点，卖方可以随时随地进入平台与消费者进行交易，并且每个市场的规模也不再受限。

三、数据性

新经济行业的三大支柱为平台、数据及算法，在经历了以 IT（互联网技术）为核心的有限数字化发展后，数据的重要战略地位凸显出来。新时期，借助无边际的互联网平台，数据可自由地流通与共享；反过来，平台利用所获取的海量数据资源，通过算法进行整合、分析，得出最优路径以便利人们的生产生活。大数据的重要性在淘宝购物推送中体现得淋漓尽致。平台需收集我们平时的搜索记录、浏览时长等数据进行算法统计，总结出每个人的偏好来进行精准推送，从而更加有效率地引导消费者消费，提高成交率。而这一系列流程都是以数以万计的大数据为支撑才能持续进行的。

四、普惠性

自进入数字经济时代以来，人们最切身体会到的就是便利、实惠。新经济行业，在数字经济下，通过大数据计算，不同风险承受能力的个体都能够匹配到适合自己的差异化服务；同时，万物皆互联的网络平台使得人们可以更加轻易地获得想要的资源，这极大降低了人们的时间成本；另外，数字经济将全世界紧密连接在一起，全球各地的人们都能通过云端网络享受"足不出户"的在线贸易，此举使得市场准入门槛大大降低，信息流通也更加透明，大中小型企业都能在市场中公平竞争，普遍受益。

第三节　新经济发展下反垄断法的使命和价值定位

一、反垄断法的使命

（一）保护消费者合法权益

通过反垄断破除垄断行为、促进竞争、保护消费者合法权益已经成为世界绝大多数国家的共识性观点，并在各自的立法中得以体现。其具有的深刻的法理基础，主要包括以下几个方面。

1. 契约正义理论

理性哲学的观点认为，契约自由的实现意味着正义和公平，自由的选择权就会引导契约走向公正。自由主义经济学更是提出公权力应该与市场保持必要的界限与距离，市场主体间的契约自由是绝对自由的，市场公正契约与非公正契约的出现都是正常的市场自由选择的结果，公权力只可提醒，不可干预。早期的市场经济并不发达，并未出现垄断行为，缺乏反垄断意识的土壤，反垄断立法并未出现。

真正改变这一观念的是飞速发展的商品经济，为市场管理者提出了一个又一个的难题。这一点在资本主义经济发展居于前列的美国和德国十分明显，管理者发现，市场中的经营者善用商业规则，为追求利益最大化将契约自由推入极端化的风险，这一风险便是损害社会公共利益和消费者的利益。双方本着平等地位自愿缔结契约，但弱势的消费者被剥夺了自由选择权，二者出现巨大的不平等偏差。即便是谨慎的理性消费者，也不得不必须接受经营者已经形成的格式合同，有的消费者可以识别陷阱，却没有要求重新签订合同的能力，消费者真实的意思表示无从反映。契约自由最终导致经营者一方的绝对自由和消费者的绝对不自由。

后续出现了如卡特尔、托拉斯和辛迪加等各种隐性垄断形态，使得管理者认识到，体量庞大的垄断组织已经形成，它们联合在一起甚至富可敌国，结构严密的垄断组织即便是市场的管理者也要敬其三分，分散的消费者更是已经被掩埋，无权利自由可言。法治的生命力在于公平的实现，不加限制的自由和权利必然会影响其他主体权利和自由的实现。所有必须建立有效的市场机制,使经营者和消费者均可以实现实质正义。

19世纪20年代,契约正义理论正式提出,契约正义替代契约自由成为市场发展的基本准则,其重点在于,对契约自由的最大限制,便是对契约自由的最终实现。哲学家罗尔斯认为,任何正义的实现,必将以一方的权利受限为前提。正所谓没有限制的权利不是真正的权利,没有限制的自由非自由。反对权力的滥用,追求在实质正义的环境下缔结契约便成了新的价值追求。

2. 追求公平的实现

传统民商法认为,公平是将主体间的差异抽象掉之后的公平,具体体现为机会的均等。这一观点的问题在于,现实生活中不同主体间的经济实力、思想认知、实践能力都存在巨大差别,差异被抽象后的个体缺乏特殊性,一般普遍公平的实现无法满足现实要求,使得公平难以落地。这种不从实际出发、一概而论的单一标准,反而会强化这种不均衡。在失去控制的市场中,政府不加干预,经营者制定格式条款、滥用市场支配地位、联合定价、划分市场,消费者失去选择的自由,公平流于形式。但反垄断法的出现为此提供了新的可能。

(1)反垄断法保障市场准入的初始公平

在市场中,财力强大的企业与中小微企业并存,二者特点迥异,分析法学派奥斯汀认为,宇宙赖以存续的规则主要分为两种,即解释苹果为何落地的自然法则和人类为共同生存所制定的社会法则,而这种社会法则的现代形式便是法律,法律的价值就在于还原宇宙的平均。形式公平是不考虑各主体差异的公平,以统一的标准规制一切市场主体,使得条件差异巨大的主体适用统一规则会产生不同的法律效果,即形式上的公平,实质上的不公平。

应该认识到,不同条件的市场主体应该适用不同的市场规则,相同条件的市场主体基于相同的市场规则进行竞争。市场竞争中的实质公平不仅在于规则内容的特定性与针对性,更在于规则适用范围的准确性与一致性。反垄断法禁止大企业合并的同时,为中小企业提供了更多的便利条件,给予了那些角落中的企业以微光。

(2)反垄断法保障市场选择平衡

消费者享有自主选择权,市场供给决定消费者的选择空间。对经营者来说,多一次被消费者看到的机会,便多一点被选择的可能。反垄断法保障各种质量、各种价格、各种原材料的商品都置于市场之中,都保留着同样的为市场所接纳的可能。无论是大企业抑或是小个体，无论是适量上乘的商品抑或是略显稚嫩的服务，都有被选择的机会，每一次都有获胜的可能。约翰罗尔斯认为，公平正义的真正实现最终将由最底层人民的生活情况予以决定，提高底层人民的生活品质是社会进步的显著标志。

（3）反垄断法保障市场资源配置的公平

市场准入的公平，市场机会的均等，最终希望获得的便是市场结果的公平，而这一过程便是优化资源配置的结果。反垄断法延长了市场优化资源配置的过程，保障大企业的高水准，保护小企业的低效率，使得强者和弱者最终在市场中得以共生。以此循环，形成市场优化资源配置的链条，促进高效分配市场的形成。

3. 消费者权利

消费者权利是市场经济的必然产物，也是一项重要的权利。每一个人都是消费者，每一个人都是市场的参与者，消费者在其中的作用是无法估量的。但综合情况的显著不均衡，信息获取渠道的多样性，权利救济的时效性等多种因素使得消费者与经营者之间的差距也在逐渐拉大。消费者权益保护法赋予消费者权利两层深刻的内涵，一是保障消费者不受欺诈与降低经营者违约的风险，尤其是涉及食品、药品、家用电器等直接关系到消费者生命健康安全的产品；二是保障消费者在经济上的权利不受侵犯，即不仅包括物质上的安全保障，还包括精神的美好。《中华人民共和国宪法》是根本大法，而《反垄断法》素有"经济宪法"之称。《反垄断法》规制市场竞争，保障质优价廉产品的有效供给，间接保护消费者的自由选择权；监控市场中的结盟行为，制止霸王条款，赋予消费者以救济的权利与渠道；精准识别市场中的优势地位者，实时监督其竞争行为。

从《反垄断法》规制垄断行为开始，就为市场搭建了权利的模型，从《中华人民共和国消费者权益保护法》赋权开始，就为消费者抵消了选择的顾虑，这就是对消费者权利实施保护的集中体现。

（二）保障平台经济健康发展

随着经济平台的快速发展，网络媒体平台在经济领域表现出越来越重要的作用。同时强调反垄断法及规章对所有行业都可以使用，对各种市场需求平等对待，预防平台经济区域的垄断发生，使平台经济健康发展。

第六章　中国反垄断对策与新经济的发展

1. 当前反垄断法对平台经济发展的重要性

随着经济发展，在发展相对较慢的国家，大批互联网企业像雨后春笋般迅速成长起来。同时，每个国家对于互联网平台的发展与反垄断诉求也随之上升。虽然平台的竞争能提高经济的灵活度，也是不可替代的一种作用。但其也存在着一定的排斥现象，主要体现在平台负责人垄断市场的野心、想要一家独大、负责人利用职权对市场支配等，这样负面的竞争机制导致了市场不能公平公正的发展。部分人认为，有了平台就会有成功的机会，平台就是成功的基点。平台组织起各种各样的客户群体，通过真实的或者虚拟的门店促进不同客户群体作为平台运营商与消费者不会面交流的核心或主营地，商户们通过平台获得相应的利益，在平台上尽力使消费者交易金额最小化，获得利益最大化，充分发挥平台在经济中的重要作用。虽然平台的负责人仍以单位为表现主题，但是经营方式和销售模式与传统公司形式不同。原因在于平台面对的是整个市场，所以平台具有市场和企业两种形式。

2. 平台经济健康发展的要点

（1）反垄断是平台经济发展的前提

平台在形式组织、商业活动等方面的独特性也对传统反垄断模式有一定的限制。平台企业在互联网技术条件下慢慢发展起来，也是一种全新的工作分工形式，虽然网络平台早就存在，在我们日常生活中的网购平台、广告媒体等网络平台一直都是重要的角色。但是，作为大规模运营的合作方式，是在有了互联网平台以后出现的。平台经济是一个多元化的经济体系，包括多方参与市场；平台负责人参与的市场具有一定的帮助性、依赖性，这两者相互契合。平台经济的独特性影响着平台经济区域的反垄断是否可以忽视相关市场规定的这一环节。作为企业的竞争市场，平台最大的优势就是可以掌握大部分用户，也对客户需求有较多地提供。

（2）对平台企业创新能力的提高

在市场分配地位的行为中，传统的理论认定，对暂且不具备市场要求的企业进行收购，但是不改变原来企业的地位，这样避免恶意竞争、市场位置的改变，反垄断法不需要对其预防和管控；与之相反的是这样的收购还可以促进擅于使用新型技术的企业取得创新的技术，达到同样的效果，提高创新能力。反垄断制度下怎样提高企业的创新意识与能力，还需要在实践中找寻方法，进一步探索，在平稳中发挥发展企业。

市场的占有率、知名度不一定具备对竞争的限制，同时不能因为市场平台占有率高就对该企业实行反垄断制度，防止市场上更多优秀的平台企业都被错误地认定为重点的反垄断对象。

（三）为公平竞争铺路

目前虽然，我国数字经济领域的监管也面临一些难点，但结合此前在数字经济监管模式方面的多种尝试，以及国家反垄断局正式挂牌，可以说，我国已具备了塑造数字经济领域公平竞争秩序的良好基础。

国家反垄断局的成立，既落实了中央关于充实反垄断监管力量的重要部署，也进一步满足了社会主义市场经济和高质量发展的需要，更符合国际上实施反垄断法的普遍经验与我国的特殊国情。同时，国家反垄断局挂牌成立也是全面深化改革、建设高标准市场体系、处理好政府和市场关系、推动经济高质量发展的重要一招。当前，我们所面临的是新冠肺炎疫情影响全球经济、国际环境日趋严峻复杂、百年未有的变革局面。全球经济发展的历史经验表明，通过大水漫灌的产业政策、财政政策刺激经济，在短期见效的同时也会导致中长期的低迷甚至衰退。恰逢此时，党和国家提出强化竞争政策基础地位，对我国未来的经济发展模式给出了正确的解答。另外，随着经济全球化的不断深入，越来越多的双边、多边经贸协定中都包含了竞争政策的条款，比如《区域全面经济伙伴关系协定》（RCEP）中的竞争专章、全面与进步跨太平洋伙伴关系协定（CPTPP）中的竞争政策、国有企业专章等。未来，国家反垄断局需要在协调国内竞争、产业、财政、就业等政策，以及在国际市场竞争的衔接，发挥更加重要的作用。

（四）构建新发展格局

新发展格局是中央对当前国内外经济政治发展局势准确研判和定位，全面客观分析当前我国所面对的困难、风险及挑战，是以"科学应变""主动求变"的方式做出的重大战略部署。要理解新发展格局，首先，需要明确的是"双循环"并非凭空创造，而是自改革开放以来逐步形成的适应我国国情的发展模式，只是重心与当下有所不同。此前我国经济发展对外依存度较高，2006年达到峰值约66%，自2008年国际金融危机后，我国经济发展重心已向国内大循环转变。其次，新冠肺炎疫情加速了世界变局的发展，国际政治、经济、科技、安全等格局都在发生深刻调整，新发展格局是准确认识国内外形势的科学应变。最后，自党的十八大以来，我国提出"人类命运共同体"理念，倡导世界各国和平发展、合作共赢,故"双循环"绝对不是封闭循环,而是在畅通国内大循环的同时,通过提升我国经济发展质量效能,为世界经济发展注入中国能量,同世界经济更加紧密相连。

根据经济循环理论可知,由生产、分配、流通和消费构成的经济循环的质量与速度决定了国家的经济发展水平及持续发展能力,若循环上存在堵点,则会阻碍整体经济的发展,新发展格局战略的核心要义就是要畅通国内大循环,推动国内经济的高质量循环。

在构建新发展格局的过程中重点在于推动各类要素资源的自由与公平流动,发挥市场配置资源的决定性作用和更好发挥政府作用,矫正限制、扭曲要素资源流动的体制机制以及各种市场竞争行为,实现国内经济的高质量循环,提高全要素生产率。《反垄断法》是建设和维护社会主义市场经济有序运行的基本法,其核心要义是维护市场公平自由的竞争秩序,在强调市场第一性的同时,承认且重视政府依法规制、科学有效监管的价值与作用,平衡好市场与政府的关系,实现有效市场与有为政府之间的黄金比例,促进社会主义市场经济健康发展。聚焦新发展格局下我国畅通国内大循环,推动国内经济高质量发展的目标,需要将"供给侧结构性改革"与"注重需求侧管理的扩大内需"相结合,以打通堵点,将贯通生产、分配、流通、消费各环节作为市场经济发展的关键着力点。这就需要实现各类要素资源配置的最优化,充分发挥市场机制,特别是公平竞争机制在资源配置中的作用。为此,进一步完善市场竞争法治,营造公平公正的市场竞争环境,成为当下需要大力推动且全力落实的任务。

要以"强化反垄断和防止资本无序扩张"为工作重点,畅通各类要素资源流动的全周期与全过程,深入推进供给侧结构性改革,注重需求侧管理,以需求牵引供给,以供给创造需求,发挥好当前平台经济双边或多边市场构造的优势,做好要素资源的精准匹配。在这一过程中,必须防止平台企业在资本的裹挟下开展剥削性竞争、排他性竞争或扼杀性竞争等典型违法竞争,防范平台经济特别是超大型平台企业在经营扩张中的金融风险,将自由竞争与安全发展统一于竞争法治框架下,严守安全红线,筑牢法治底线。

二、反垄断法的价值定位

反垄断法的价值定位是其立法完善与强化实施的基础与归依,其制度功能在不同的国家和地区存在一定差异,需要结合我国国情来实现多元价值追求与融合。在构建"双循环"新发展格局中强化反垄断,须顺应数字经济发展的时代特征,立足新发展阶段。因此，反垄断法的价值定位应以保障数字经济高质量发展为导向，统筹好竞争、效率、创新、安全等价值的相互协调关系。

（一）融合竞争的自由价值与公平价值

自由竞争与公平竞争具有不同的含义，自由竞争是指市场主体能够按照自己的意愿进入或退出市场，以选择是否参与竞争；公平竞争是指参与竞争的主体使用公开、平等、正当的方式方法进行竞争。

自世界范围内首部现代意义上的反垄断法《谢尔曼法》的颁行起，其立法目的与宗旨为对抗大托拉斯（垄断）集团给市场自由竞争秩序与市场经济健康发展带来的威胁，保护自由竞争环境是反垄断法的基本目标和固有价值。

同时，反垄断法也追求保护公平竞争秩序。譬如，我国现行《反垄断法》所规制的滥用市场支配地位行为类型，既规制排他性滥用行为，也禁止剥削性滥用行为，前者更多聚焦于实现竞争自由的利益，后者则偏重于维护竞争公平的价值。特别是对于当下主要超级平台所从事的强制"二选一"、"大数据杀熟"、数据封锁、数据过度收集、用户隐私保护降级等涉嫌支配地位滥用行为，更应注重反垄断法对自由与公平价值的统合保护。

这一点在2021年4月国家市场监督管理总局对阿里巴巴集团在中国境内网络零售平台服务市场滥用市场支配地位行为的调查处罚中可见一斑，对阿里巴巴实施的"二选一"行为做出了高达182.28亿元的罚款，兼顾了相关市场竞争秩序、平台内商家的合法权益、广大消费者利益以及平台创新发展等多元利益，是保护市场竞争行为之自由与公平价值的集中体现。

（二）兼顾经济效率与消费者权益

反垄断法通过维护有效竞争以实现提高经济运行效率的目标，消费者权益则是作为一种反射利益受到保护。然而，数字经济的发展使得以消费者需求为中心的市场结构和产销格局业已形成，在交易中消费者扮演着越来越重要，甚至是支配者的角色。在以平台经济为中心的体验式互动消费过程中，以消费者自由选择权与公平交易权为核心的消费者权益的形成与实现已成为或正在形成对平台企业市场竞争行为的最基本和最直接的约束力量。高度重视反垄断法对消费者权益的直接保护，是回应数字经济向纵深发展，特别是平台经济健康发展的时代要求，也是沟通需求侧和供给侧，实现以需求牵引供给、供给创造需求，畅通国内大循环的关键所在。

（三）实现竞争与创新的动态平衡

党的十九届五中全会审议通过的《中共中央关于制定国民经济和社会发展第十四个五年规划和二〇三五年远景目标的建议》中，共提及"创新"47次，首次提出"坚持创新在我国现代化建设全局中的核心地位"，新发展格局下反垄断法更应坚定不移地贯彻"创新"发展理念，实现维护竞争与鼓励创新的动态平衡。

目前，在世界主要反垄断司法辖区内都兴起了关于"创新"能否纳入反垄断规制体系的讨论。追随美国经济学家熊彼特持续创新与"创造性破坏"理论的学者认为，市场中更少的竞争导致更多的创新；以美国经济学家阿罗为代表的另一派学者则认为，更多的产品市场竞争会激励创新。然而，创新与竞争并不是非此即彼的关系，鼓励创新与维护竞争相互促进、相辅相成，只有在良好的竞争秩序下，才能够为创新提供更好的环境；同时，也只有在不断的创新发展中，才能实现高质量竞争，二者良性互动是实现经济高质量发展的关键所在。这一点在当前平台经济领域的反垄断规制中尤为重要。

（四）统筹发展与安全的共进关系

党的十九届五中全会明确提出把安全发展贯穿国家发展各领域和全过程，指出要"确保国家经济安全"。经济安全是国家安全的支柱之一，我国经济正处在信息通信技术和数字数据技术深度融合的窗口期，既面临巨大的战略发展机遇，也遭受严峻的时代挑战，其中以"新技术、新业态、新产业、新模式"为代表的"四新"经济为新发展格局的建设与发展提供了很好的通道和助力。

当前，数字经济在国民经济中的地位日趋重要，特别是受新冠肺炎疫情的影响，互联网平台经济已成为与人民群众生活紧密结合的经济业态，同时互联网平台企业目前展现的"大数据杀熟""二选一""封禁""烧钱补贴"等反竞争危害或存在的巨大潜在威胁已对部分行业与经济领域造成了强烈冲击，新发展格局下反垄断法的实施必须统筹兼顾发展与安全的共进，对于破坏自由公平竞争、扰乱市场秩序、危害经济安全的违法行为必须依法查处，做到"强监管、早监管、长监管"，筑牢发展的安全底线。

第四节　新时期中国反垄断的基本对策

一、采用反垄断和解制度

（一）反垄断和解制度的概念

和解，作为一个简单而快速的争议解决机制，长期被广泛适用于民事纠纷领域。传统行政法观念主导下的命令式执法理念，使其在行政领域长期处于被否定状态，但随着现代行政领域的不断拓展，社会发展的实际需要要求行政机关能动地履行行政执法职责，建立多元化的行政执法制度。传统行政法观念因此逐渐发生转变，和解逐渐被引入行政执法领域，反垄断和解制度由此产生。

该制度作为一个学理概念，由于体制差异，各国（地区）在其法律名称、内容等方面各有不同。如美国称其为同意判决与同意令，日本称其为劝告和解，欧盟称其为承诺决定。

对于反垄断和解制度的概念不同的学者有不同的界定，刘继峰将反垄断和解制度界定为，在反垄断法实施的过程中，执法者和经营者通过签订契约进行和解，以此代替法律制裁的一种争议解决机制。邵淑毅认为，反垄断和解制度指在反垄断执法过程中，经营者主动承认错误，承诺消除垄断的不利后果，在该前提下执法者对其进行宽恕，从而减轻或者免除其应承担的法律责任的一种承诺和宽恕制度。刘桂清认为，反垄断和解制度是指在反垄断执法过程中，执法机构与相对人之间达成和解协议，从而使案件得以快速解决的纠纷处理机制。从上述学者的界定来看，虽然其表述不同，但关于界定反垄断和解制度包含的基本要素——和解主体、和解内容、和解目的等基本是一致的，因此我们可以从这三个方面来了解反垄断执法和解制度。

第一，和解主体。反垄断和解的主体包括执法机构和经营者。反垄断执法机构是国家依法设立的，按照法律程序和规则处理垄断纠纷的法律机关或者被授权机关，因各国（地区）法律背景、机构设置、市场机制等不同，反垄断执法的机构也不尽相同，但一般主要包括行政机关和司法机关。如我国的反垄断执法机构为国家市场监督管理总局，被授权机关为各省、自治区、直辖市的市场监督管理部门，美国的反垄断执法机构为反托拉斯局和联邦贸易委员会，而日本则由公平

第六章 中国反垄断对策与新经济的发展

交易委员会负责。经营者是指从事商品生产、经营或者提供服务的自然人、法人或其他组织。在市场经济中,公司是最主要的经营者,随着经济全球化的推进,跨国公司的数量和规模不断扩大,使得垄断案件变得更为复杂,大大增加了执法的难度。对反垄断和解制度的主体进行明确和了解后,有利于我们更好地把握反垄断和解与民事和解、行政调解的界限和区别。

第二,和解内容。反垄断和解的内容就是双方的权利和义务,对于经营者来说,在反垄断调查过程中其有权利向执法机构申请中止调查,但同时应向执法机构承诺停止垄断行为,积极采取有效措施在一定期限内消除垄断行为所带来的不利影响,有权在切实履行承诺后获得执法机构的宽恕,减轻或者直接免除其处罚。而执法机构有权对经营者的中止调查申请进行审查,做出是否中止的决定。同时,对经营者的履诺行为进行监督,发现经营者不切实履诺的,应恢复调查并追究其责任。

第三,和解目的。反垄断和解的目的在于效率。竞争是市场经济的核心机制,是市场焕发蓬勃生机的根本,而垄断就是对整个市场竞争机制的损害,其危害是十分巨大和严重的,在西方国家垄断被看作是一种最无效用的剥削。垄断案件本身十分复杂,加之反垄断法存在的弊端,使得查办垄断案件非常困难,需要投入大量的人力物力,可能耗时几年甚至十几年才能办结一个垄断案件。而案件久拖不决,垄断的行为持续存在,对市场经济的危害也同时在持续,因此,在这种情况下,执法机构通过与经营者签订和解协议,以此种方式办结案件,有利于节约执法资源,及时消除垄断带来的不利影响,恢复正常的市场经济秩序。

(二)反垄断和解制度的特点

1. 行政性

反垄断和解制度,是将民事纠纷领域的和解机制引入行政领域,进而演变而来的替代性行政执法方式,因而具有行政性。该制度的行政性,决定了执法机构进行制度适用时,必须建立在维护国家及社会公共利益基础之上。为防止作为和解一方的行政执法机构滥用行政权力,对国家及社会公共利益造成损害,相较于民事纠纷领域的和解,该制度在启动、适用、生效等方面存在诸多限制,以保障行政权力的依法行使。

行政性也是反垄断和解制度的基本属性,这主要体现在两个方面:一是从反垄断和解制度的起源来说,反垄断和解制度是从传统的行政执法制度演变而来的,是在传统的公法执法理念上融入了私法契约的思想,因此,行政性是其基础属性,是其无法更改的本质;二是从反垄断和解制度设立的目的来看,其目的在于维护市场经济的公平竞争秩序,保障反垄断法的有效实施,执法机构作为国家行政执法机关,之所以与经营者达成合意,以和解方式了结案件,不是为了私利,而是为了尽快恢复遭受损害的公平竞争秩序,这也是反垄断法赋予的法定职责。

2. 契约性

契约性是反垄断和解制度最根本的属性,也是反垄断和解制度与其他执法机制最根本的区别。契约本是私法领域的重要制度,其本质和基础是双方的合意。随着社会的不断发展,执法理念的逐步转变,契约的思想被引入公法领域,使公法具有柔和性和灵活性。反垄断和解制度就是二者完美结合的结果。在反垄断和解案件中,以和解方式结案的基础就是执法者与经营者之间达成了合意,无论和解程序是哪一方启动的,只要有一方不同意和解,案件都不能了结。但值得注意的是,执法者与经营者合意的内容不得侵害公共利益和他人的合法权益,不得违反法律的强制性规定,否则合意无效。

3. 替代性

反垄断和解制度是市场经济发展到一定程度的产物,是传统的反垄断执法方式自身存在无法规避缺陷的产物,但其也是一种非正式的结案方式,是传统的反垄断执法方式的补充,具有替代性。在市场经济快速发展的今天,竞争行为和竞争关系变得更加抽象和原则化,垄断案件变得更为复杂,若按照传统的方式进行处理,需要投入大量的人力物力,执法成本太高昂,而反垄断和解制度正好可以规避这些缺陷,因此,其被作为传统执法方式,或者说正式的执法方式的替代程序被推广,受到了各国的青睐。

4. 程序性

反垄断和解制度虽然是一种非正式的执法方式,但其仍必须严格依据法律规定的程序进行。程序性是反垄断和解制度的基本属性。在反垄断和解制度产生之初,各国就规定了严格的法律程序来保障该制度的有效运行。对于程序的启动、程序的审查、程序的中止、程序的恢复等都有严格的法律规定,必须依法依规进行。凡是违反程序规定的,不管是执法者还是经营者都要承担相应的责任,影响和解的效力。

5. 公开性

相较于民事纠纷及其他领域的和解,该制度作为行政领域的和解,具有公开性。首先,反垄断和解的过程是公开的。由于和解一方的当事人,为依法履行行政职责的反垄断执法机构,其权力行使涉及公共利益的处分,因此,和解双方开展和解的过程必须是公开透明的,以督促行政权力的有效行使。其次,反垄断和解的结果是公开的。由于垄断行为的实施,往往会对第三人及公共利益造成一定程度的损害,因此,执法机构适用和解制度解决案件时,必须对其和解结果进行公开,从而实现对第三人及社会公众权益的保障。

6. 非强制性

与传统单方命令式行政执法方式相比较,该制度的适用基于行政执法机构与实施违法行为经营者双方自愿。在平等和自愿的基础上,双方就垄断行为相关事实、行为影响、拟承诺内容、承诺将带来的效果等与消除违法行为危害切实相关的内容进行协商,进而形成和解,以替代反垄断执法调查。达成和解后,上述和解内容不具有强制执行性,是否遵循,依靠违法行为实施者自觉。

7. 主体的法定性

该制度作为行政执法领域的和解制度,其行政属性决定了执法机构在适用该制度时,该制度的适用主体必须是符合法律规定的特定主体。主体的法定性包含两方面含义:一方面是申请主体的法定性,反垄断和解制度依申请启动,其申请主体只能是符合法定申请条件的违法案件行为人;另一方面是受理主体的法定性,是否适用本制度解决案件,由行使反垄断执法职权的法定机构根据案件事实、证据、法定条件等依法做出决定。

8. 执法的高效性

反垄断和解依一方主动承诺,经双方共同协商,进而对案件处理方式达成合意的制度模式,有效节约了反垄断执法机构的执法成本。对于促进执法机构高效执法,增强其职能履行的能动性具有重要意义,且双方经过协商、承诺做出的执法决定更容易得到有效执行,从而使市场运行秩序得到及时恢复,以相对较小的成本实现各方利益的最大化。

(三)反垄断和解制度的必要性

1. 实践的需要

正式的执法方式存在不足。使用正式的调查程序对涉嫌垄断的行为进行规制时,需要执法机构花费大量的时间,掌握了足够的证据后,才能对垄断行为进行处罚。而和解制度产生后，适用和解制度解决垄断纠纷的优势开始显现，对于一些执法机构缺乏充分证据证明经营者违法、违法性不大的案件，适用和解制度能更方便地对垄断行为进行规制。

与此同时，随着经济和科学技术的发展，垄断案件越来越复杂，由于正式执法对垄断行为的严厉打击处罚，经营者为了获得利益，实施垄断行为的方式越来越隐蔽，这加大了执法机构调查取证的难度；使用正式调查程序，有时候由于缺乏证据而导致案件不能进入处罚阶段。过去的正式执法方式不能有效对垄断行为进行规制，急需一种柔性的执法方式替代，从而更好地打击垄断行为，保护市场公平自由竞争。

2. 追求效率价值

反垄断法的立法目的是多元的，其价值追求之一便是效率。和解制度的目的是更加高效地预防和制止垄断行为，保护自由竞争秩序。在和解制度中，效率价值主要体现在以下几个方面。

第一，垄断案件涉及的内容复杂多样，对其进行规制时需要花费大量时间和成本，只有执法机构掌握了充分的证据判定经营者构成非法垄断行为，才能对其进行处罚；而适用和解制度，只需要掌握初步证据，就能与经营者达成和解，有效的消除垄断行为带来的负面影响，这大大提高了反垄断纠纷的处理效率。

第二，由于适用和解制度比正式调查程序更为简化，只需要经营者与执法机构达成承诺即可适用，这节省了大量的执法资源。

第三，和解制度的适用符合效率价值追求，适用和解制度调查处理所需的时间比适用正式调查程序要短得多。对于适用和解制度节省出来的执法资源，又可以投入更多的预防和制止反垄断的案件中，有利于执法效率的提高。

3. 成本与收益理论

成本与收益理论是市场经济中经常使用的一个概念，它的运用为和解制度提供了理论基础。适用和解制度的前提是双方都能在经济上取得最大的收益，或者降低其成本，这是一个动态的过程，不是一蹴而就的，双方的利益博弈只有到最佳临界点时，和解协议才能够达成。在市场竞争中，经营者实施垄断行为，被执法机构最终认定为违法垄断的，经营者将面临高额的罚款。尽管如此，经营者仍然会在利益的驱使下，选择实施更为隐蔽、复杂的垄断行为，以避免被执法机构查处，这样一来，执法机构制止违法垄断行为的难度就会增大。而和解制度的适用，则是双方都能利益最大化的结果。对涉嫌垄断的经营者来说，一旦被认定实施的垄断行为是违法的，那么他们面对的将会是高额处罚以及企业信誉下降等风险。

二、实施宽大制度

（一）宽大制度概述

无竞争则无市场。违反市场规则或者说违反竞争法的行为称为卡特尔，该行为常态表现为任意哄抬物价、随意限制产量、自主划分市场，结果是致一国或一个地区的资源配比失衡，市场也随之丧失理性，消费者权益受到极大的伤害，因为可供选择的产品、服务在品类、范围、价格等方面会因此而变小、变窄。

宽大制度专门为遏制卡特尔行为而建立，是执法部门为提高执法效率，以减轻或免除卡特尔成员的法律责任为对价，鼓励违法者主动交代违法行为而予以宽大处理的一种制度。该制度由颇具实用精神的美国人所创设，在欧盟得以发展与创新，当下已被世界六十多个国家（地区）广泛采用。

宽大制度是对经济学中博弈论的转嫁运用，同时借用了社会学中囚徒困境理论，其宗旨是更有力地打击垄断协议，而制度表现却是放纵违法，该制度给人的感觉似乎是一个悖论，却是对多重利益先进行过滤、筛选，再予以增补，最后统一起来进行平衡的过程。看似贬抑了形式正义，但其"放小捉大"的运作使更多的垄断协议得以揭发，在结果与实质上扩张了正义。

（二）宽大制度在反垄断中的意义

宽大制度在反垄断中具有重要的理论意义和实践意义，不但丰富了反垄断理论基础，也对反垄断实践带来了令人振奋的效果。宽大制度在表面上是解决相关行为产生的竞争问题、行政效率和节约行政成本，但其潜在的法律价值在于权利保护，也在于以更为公正、更加高效的方式维护经济市场规则的公平和效率。

《反垄断法》是市场经济重要的基础性法律。《反垄断法》的有效实施，对维护市场公平竞争，增强一国的经济活力和竞争力，保护消费者的利益和社会公共利益，促进市场经济健康发展具有十分重要的意义。虽然我国自2008年就开始了《反垄断法》的实施，可是仍有垄断案件不断发生。

随着全球化与网络经济的加速发展，越来越多的公司之间有条件和实力结盟成国际性的垄断组织，势必会加剧破坏我国尚处于社会主义初级阶段的市场秩序，也会对我国的社会和谐形成不小的冲击，当然也造成不特定多数百姓的利益损失。加强和重点进行宽大制度的实证研究，可以增进与促成宽大制度的科学化与可操作性,进而更有力和有效地打击卡特尔,维护市场经济秩序的稳定并保障消费者的利益。

宽大制度在反垄断执法领域的作用和意义日益凸显。积极研究、借鉴美国和欧盟等西方国家或组织的宽大制度实践,从制度设计、执法机构自由裁量权、登记制度和申请顺位、宽大幅度、给予宽大的透明化和确定性等方面进行完善,我国宽大制度对于打击垄断协议违法案件的作用会越来越大。

第五节 新时期新经济平稳发展的建议

一、关于数字经济

(一)新时期的数字经济

数字经济是当今时代发展的一个显著特征,对世界经济的增长和结构变化产生了深刻的影响。在数据成为生产要素、数字化成为产业变革和商业模式创新主要方向的背景下,世界经济有了新的增长动力,经济活动从内容到形式都发生了巨大的变化。与此同时,数字经济又带来新的不平等,缺乏国际间的充分合作,全球性治理问题显得日益突出。

1. 先进技术发展和经济全球化的必然产物

人类对数字的感知,几乎和人类的历史一样久远。"结绳记事"的说法,反映了原始先民对数字的认识和利用。不过,在最近20多年之前人类文明史的绝大部分时间里,人们无法想象数字能够创造一个时代,数据能够构成一个崭新的经济形态,数字的交付和服务就能够产生巨大的财富。数字经济时代的出现,既是经济发展的趋势所然,更是受不断涌现的新技术的推动。

数字经济发展于信息经济或信息社会,因为数字本身就是一种信息。信息商品化的大规模发展始于20世纪50年代中期,那时西方国家已进入后工业化时代,信息产品开始市场化,如将戏剧、音乐、舞蹈等艺术节目信息存储在录音带、录像带等介质上,然后作为信息产品销售。数字经济与信息经济具有共同的特征,都是后工业化阶段中以现代服务业为主要结构的一种经济形态,当信息经济发展到一定阶段后就演化成数字经济。从这个意义上讲,数字经济是信息经济的高级阶段。

2. 数字经济深刻影响了世界经济

了解数字经济与技术进步之间的关系,以及数字经济与经济全球化的关联,有助于认识它对世界经济的影响。过去20多年来,数字经济深刻影响了全球经济,在相当大的程度上改变了世界经济的格局。

(1) 数字经济是增长最快的经济领域

数字经济加速了世界范围内的产业结构变化,成为世界经济增长的新动能。在数字技术不断创新、数据流量呈几何倍数增长的背景下,数据一定程度上已超过资本和劳动,成为促进经济增长最有力的生产要素。数字经济的快速发展,推动了世界经济的结构性变化,围绕数字产品生产、销售和服务的产业在产业结构中占据了更加重要的地位,物质生产部门创造的增加值占比进一步降低。

(2) 数字经济带动了一大批新兴产业的发展

数字经济与技术创新是相辅相成、互为因果的关系。数字经济有力促进了新技术的出现和传播,一方面,数字经济的形成与发展离不开互联网、信息与通信等新技术的支撑;另一方面,数字经济的快速发展,又对新技术提出了需求和呼唤,促进了新技术的进一步发展。

(3) 数字经济在很大程度上改变了全球价值链

数字交付和数字服务在全球价值链中占据了十分重要的地位。在数字经济出现之前,全球价值链主要是围绕具体的物质产品而构建,主体是制造品的价值链,虽然也有服务产品的全球价值链,但比较简单,而且基本依附在制造品的价值链上。随着数字经济的不断发展,独立的数字交付和数字服务的价值链逐渐形成,而且其内容越来越丰富。在数字技术进步的带动下,数字跨境流动成为大量而普遍的现象,构成了数字产品或数字服务的全球价值链。在这种价值链中,数字产品是主体,是价值形成的主角,不再是从属的配角。

数字经济的出现,在全球价值链中嵌入了更多的数据元素和服务元素,使得原有传统的全球价值链进入一个更新和重塑的过程。例如,工业互联网的出现以及物联网技术的应用,加上通信和定位技术的更新,大大提高了产业链、供应链的智能化管理水平,赋予了传统价值链以更多的功能。

(4) 数字经济改变了市场竞争结构

数字经济孕育出一批巨型的全球性跨国公司,大大提高了市场集中度。数字经济时代以前,在许多竞争性行业里也有不少巨型跨国公司,但除了像大型飞机制造这些特殊产业外,市场仍是充分竞争的。数字经济的发展改变了游戏规则,市场开始出现一种特有的呈现"长尾"形态的竞争结构,即一两个或极少数几个

"头部企业"规模巨大，拥有极高的市场份额，而大量中小企业的市场份额占比极低，排列在一起就像坐标图上一条长长的尾巴，换句话讲，市场结构呈"幂律"状态。这些巨无霸企业一般都是数字平台企业，而且这些巨型数字平台企业都是全球布局的，在全球范围内构建价值链，同样占有很高的市场份额。

（5）数字经济使世界经济版图发生变化

数字经济一定程度上重塑了世界经济格局。相对于传统经济，数字经济是一个崭新的领域，一定程度上使得发达国家和后发展起来的国家站在了同一条起跑线上，有可能使部分原先不是很发达的国家实现跨越式发展，走在数字经济的前列，而一些发达的国家却有可能落在其后。

中国是数字经济发展相对超前的国家，从5G通信、数字平台企业、智能手机用户数量等重要观察指标看，数字经济的发展水平远超其经济发展水平。例如，中国的5G基站数已超过100万，占全球七成以上；中国的移动支付普及率全球最高。这与中国发挥体制优势，长期在信息与通信领域大量投资，以及中国人口多、居住密集、市场渗透性强等国情有关。韩国也是数字经济发展非常迅速的国家，其发展程度超过了大多数发达国家。相对而言，欧洲在数字经济方面落后于其经济发展水平，至少在数字平台企业方面已经落后于美国和中国。

（二）新时期数字经济引发的思考

说到垄断就不得不提到一个概念，那就是"竞争"。在传统经济学的概念中，所谓"完全竞争"就是一种完全不受干扰和阻碍的市场竞争模式。在此市场中，存在着若干竞争者，每个竞争者都以相同的技术及成本生产产品、统一定价，也不存在进入壁垒，且资源可随意在使用者间流动。同时，"完全竞争"市场中各个竞争者都十分渺小，其无法通过买卖行为影响市场供求，也不足以对市场定价造成实质性的影响，在此种模式下，每个人都只是市场价格的被动接收者，这样的市场才是最理想的市场，竞争才能达到"帕累托最优"。

1. 完全竞争与垄断不相容

按照经济学逻辑，只有在完全竞争模式下效率才能达到最大，帕累托最优才能实现，一旦偏离完全竞争，便会形成垄断。在完全竞争的模型中，市场价格完全由行业供求决定，供求一旦确定，价格也随之确定。此时无论企业产量如何增加，价格都不会发生变化，因此企业面临的需求曲线是水平的。我们可以将完全竞争理解为没有竞争，因为在此种环境下，不可能存在刺激企业竞争的动因。而在市场经济下，企业为了占据市场份额，获得更大利润，必定以更低的价格、更高的效率、更新颖的创意去"突出重围"，此时一定会有竞争。所以，现实中完全竞争的理想模型不可能实现，因而实践中存在的无论垄断竞争、寡头垄断还是独家垄断都普遍会在资源配置上损害效率，无法满足帕累托最优。由此，完全竞争与垄断"水火不容"。

2. 完全竞争与创新不相容

在完全竞争模式下，一切生产要素都是给定的。这种模式所产生的经济一定犹如一潭死水，按照既定速率发展，不会有起伏波动。但在实际的市场经济运行中，激烈的竞争必定会激励企业创新，从而产生新的技术，提高自身效率以期降低企业生产成本，使得利润最大化。根据供需原理，这时的需求曲线一定呈现出向右下方下降的趋势，而并非完全竞争模式下的水平直线。

另外，从长远角度来说，创新一定会提高企业生产效率，使得规模报酬增加，并进一步刺激经济的持续性增长，逐渐占据市场份额，形成规模经济，在高效率企业的压制下，小企业难以生存下去，更别提平等竞争了。因此，此时便出现了完全竞争与创新间的悖论。这也是为何在全世界反垄断进程中，受到各国反垄断机构调查的大都是创新能力强、市场占用率高的大型企业。

3. 市场有序进行与完全竞争不相容

实践证明，一个良好有序的市场一定需要一个占据行业领军地位的大企业，由这个具有一定分量的大企业作为标杆去严格践行相应的国家标准，履行相关的国家政策，替消费者承担一定的社会监督职责，从而充分形成行业内的自律。而在完全竞争中，市场内不存在大企业，每个竞争者的力量都十分薄弱，各自为营，大家自由竞争，谁也不听谁的，难以形成统一标准和行业自律，因此市场不可能有序运转。所以在该维度下，想要让市场形成有序安定的竞争，一定意义上的垄断是必不可少的，故完全竞争与市场秩序不可兼得。

（三）新时期数字经济平衡发展的建议

1. 事前事后"双管齐下"

基于我国市场发育水平较低、主体能力较弱的特点及节省行政效率的需要，我国对经营者集中实行事前审查模式。但该模式因不适应经济形势的飞速发展而难以在实践中实现立法初衷，只能在经营者集中发生后依据事后监督对实施集中的平台进行调查及处罚。受制于平台垄断认定的复杂性，垄断认定从最初的调查、收集证据，到论证，再到最后得出结论，往往需要经历漫长的过程，其中须持续性付出人力、物力、财力，这是对社会福利的极大浪费。

因此，我们需要重新审视对事前审查的态度，转变监管模式，将事前审查置于重要地位，严格限制状态监管，适当放宽行为监管。对于那些龙头公司要进行动态监督，一旦发现其有经营者集中迹象时就要及时予以关注，避免发生不经申报的经营者集中的情况。另外，大型平台间的经营者集中一经形成，造成的损害是不可逆的，即便通过处罚的方式对未经申报的行为进行了打击，其对整个平台经济的良性竞争已经造成的损害也是无法矫正的。尤其对那些龙头企业来说，天价的罚款并不能动摇其垄断根基，他们反而会将天价罚款向下游转移，损害平台内小微企业及消费者的权益，偏离罚款的初衷。因此，事前的预防性监督及事后的恢复性处罚必须并驾齐驱，更加强化柔性的"事前审查"的作用，共同保证平台经济的平稳运行。

2. 综合协同多元治理

传统市场监管是"谁家孩子谁管"的各自为营模式，各监管主体有着各自明确的监管职能，互不干涉。但这种监管模式有着致命的弊端，即可能出现职能相似或相悖的情形，从而导致积极或消极的监管冲突。因此，各机构之间、机构与平台之间应加强彼此间的沟通与协作。

首先，各机构应转变职能结构，整合工作范围，加快建立一个集中、全面的统一监管体系，使信息互通有无，消除监管主体间的信息壁垒。

其次，机构的硬性监督与平台的自律监管应协同并进，为激发市场活力，监管机构事前监管应适当放宽，让平台扛起创新大旗，充分调动市场，并利用自身掌握的信息优势对市场准入门槛进行把握，做好风险预先防控，扮好"守门员"的角色。

最后，数字经济下零边际成本的特性为垄断形成提供了天然沃土，使得传统垄断认定模型难以发挥作用，因此，机构在进行监管时需着重关注损害社会福利或相关方利益的垄断行为而非垄断的规模，在事后阶段应坚持以监管机构为主导，依靠强制执行力对平台内的垄断问题进行调查与管控。与此同时，监管机构与平台间应经常通过协商等形式加强合作，"软硬兼施"统筹多元主体治理并最终达到数字经济反垄断规制的目标。

3. 技术监管与立法并行

数字经济下平台运作的各个环节都少不了"算法"的身影。借助海量数据，算法可将不同群体的需求嵌入不同模型从而进行精准推送，提高效率的同时还节省了各方交易成本。对于"辅助型"和"预测代理型"这类有人为因素掺杂的算法，因存在明示或默示"共谋"，我们可以比较轻易地进行垄断认定并加以监管。但从理论上来说，存在着一种无人干预的"自主学习型"算法，它脱离人类意识的控制，通过自主性的分析、学习对数据进行控制，防止其偏离预设红线，进而变相产生"共谋"效果。此类算法的技术含量很高，在现阶段的垄断审查中很难收集到确切证据加以证明，因此平台要加强自律监督，对其收集的数据、算法运行进行透明化管理，同时有关监管部门也要加大技术投入，对平台内各种隐性的技术"欺诈"行为进行规制。现实生活中消费者也会遇到商家"看碟下菜"的情况。当消费者怀疑其中存在"大数据杀熟"时，通常会被平台以下单时间不同、天气状况不同等理由搪塞过去。虽然多家互联网平台承诺不利用大数据杀熟，但实践中被大数据杀熟的现象仍屡见不鲜。这是因为当下我国反垄断领域的立法大多着眼于对平台内开展的各类活动进行规范而很少考虑对竞争秩序进行维护。虽然近年来立法与实务都有了逐渐强势的姿态，但总的来说还是更偏向"行为—法益"的私权逻辑。作为具有准公共性质的平台，亟须带有社会法属性、更专业化、更强有力的法律规范加以防范与管理。所以在加强技术监管的同时，法律层面的举措也必须跟上，充分制定对于"大数据杀熟"行为的认定标准并且严格规范对用户数据的合法、合理使用，避免出现因自身非中立而导致的损害竞争行为，以技术和立法双重保障来弥补当下数字经济反垄断领域中的漏洞。

4. 加快人才队伍的建设

数字素养是国民素质的重要组成部分，也是提升综合国力的重要因素。数字素养包括使用数字工具的能力和技巧、批判性地理解数字媒体工具和内容的能力，以及使用数字技术进行创造和沟通的能力。美国是较早研究和实践数字公民素养教育的国家之一。2007年美国国际教育技术协会发布的《美国国家教育技术标准（学生版）》将"数字公民素养"作为标准的六大主题之一，引起了学校、教师以及家长对孩子数字教育的关注和重视。自2015年起每年举办的学术大会"数字公民素养峰会"，致力于推进数字公民素养教育；《学校中的数字公民素养》《数字孩童养育》等多项具有影响力的研究成果不断涌现。

中国的数字素养教育尚未完全普及。要想加快数字素养提升，首先，应提高社会各界对数字素养重要性的认识。实施数字素养教育,需要学校、家庭、社区等多方主体支持和配合,如公共图书馆为社会公众提供信息化资源和良好的数字服务环境。其次,推广数字素养教育应从基础教育阶段做起。针对数字素养内涵,大中小学应构建数字素养教育课程体系,提升数字读写能力、数字交流能力和数字连接能力。

数字型人才是未来数字经济增长的动力。以美国为例,在普及数字素养教育的同时,美国政府大力支持培养数字型人才。2011年,美国商务部国家通信与信息管理局连同其他联邦机构共同建立数字素养网络平台,旨在为图书馆员、教师,以及其他数字素养教育从业人员创造教授计算机和网络技能的资源与工具。美国2018年发布的《国家网络战略》明确提出要培养优秀的网络安全人才,包括建设和维持人才渠道、强化联邦政府网络安全人才培养、突出和奖励优秀人才。

数字型人才的培养是美国过去几十年数字经济增长的源泉,也为未来数字经济发展源源不断地注入活力。建设数字型人才队伍对于中国未来数字经济发展至关重要。数字经济是融合的经济,因此数字型人才不应单单是ICT(信息和通信技术)方面的人才,还应当具有工商管理、语言类背景以及跨界协同的能力。目前,数字型人才专业背景主要集中在计算机科学、软件工程等技术类学科,且超过85%的数字型人才从事产品研发工作;数字战略管理、深度分析、先进制造、数字化运营,以及数字营销领域存在很大的人才缺口。所以,应该加强数字型人才专业队伍建设,以推动新兴行业的创新和发展。同时,推动数字型人才流动,如数字型人才分布较少的省份可以提供人才补贴以及创造宽松的创业和就业环境,以吸引数字型人才从数字大省流向数字经济欠发达地区。

5. 推动企业数字化转型

在我国,对平台型企业进行科学有效的反垄断监管已是大势所趋。

第一,在政府方面,应加快数字经济立法,推动《反垄断法》修订完善。中国《反垄断法》第33条明确提出禁止通过行政权力对企业进行歧视性收费,但未对基于大数据和定制化产品等的价格歧视行为等进行限制。对此,可借鉴美国和欧洲国家等的反垄断经验,结合中国数字经济发展现状,制定中国反垄断相关政策。美国是拥有丰富反垄断执法经验的互联网大国,其对互联网平台经济反垄断采取审慎监管策略。1890年,美国制定了世界上第一部反垄断法《谢尔曼法》,以保护消费者权益和保证公平交易;距今,美国反垄断的历史已超过百年。在数字经济时代,美国政府认为反垄断法仍然适用,因此并未对反垄断法做大量修改。

第二,相关机构应加强对平台型企业,监管和提升监管科学性,同时也应控制好监管范围和惩罚力度,避免对企业发展和积极性造成打压。以美国为例,美国司法部在行政执法层面加大审查力度。如考虑到亚马逊在线上零售领域的绝对地位,以及其日益扩大的商业影响力,美国联邦贸易委员会制订了监督计划,以加大对亚马逊的反垄断审查力度。在监管的同时,美国政府仍鼓励创新,如允许亚马逊通过收购"全食超市"进入食品杂货销售领域,通过亚马逊云科技进入云计算领域等。这种审慎监管的策略不仅保护了消费者的权益且鼓励中小企业创新创业,同时也为互联网平台企业的发展提供了自由度。

目前,我国中小企业普遍面临数字化转型困境,一方面,中小企业缺少相应的数字化人才,技术设备科技含量低;另一方面,中小企业难以承担高额的转型成本。为加快推动中小企业数字化转型,激发中小企业活力,可以采取以下措施。

①搭建数字化人才平台,作为为中小企业输送高端研发人才、数字技术人才、数字化管理人才的中介。②组建中小企业数字发展协会,共建共享数字化设备。③设立专项帮扶资金,为中小企业数字化转型提供资金支持;对中小企业购买数字化设备适当进行税收减免;在土地、能源等要素方面对中小企业提供支持。

6. 推动数字技术的普及

缩小地区数字经济发展差异,一方面应强化地区间合作,推动数字技术从数字经济发达地区向落后地区转移;另一方面应扶持落后地区数字经济发展,基于产业结构,发展优势产业数字化,并创造良好的数字经济发展环境以吸引互联网企业参与地区数字经济发展。

以农村为例,通过数字经济带领农村经济发展,有助于实现农业农村现代化、缩小城乡发展差距。

第一,继续鼓励互联网金融下乡。2016年中国"三农"领域互联网金融交易金额约为400亿~450亿元,比上年增长225%,增长速度远高于一般互联网金融。然而,"三农"金融缺口仍高达3.05万亿元。平均每增加3万元资金流入,可以解决一个农民的就业问题。鼓励互联网金融下乡,可以支持农民扩大农业生产,解决农村就业问题。由于农民普遍缺乏金融知识,防范风险意识差,且应对金融风险的能力较弱,因此在金融下乡的过程中,应注意防范金融欺诈、非法集资等现象,加强互联网金融下乡监管。

第二，深入推进农村电子商务发展，包括推动农产品上行和融合。2018年农产品占社会消费品零售总额比重的18.4%，其中拼多多农产品电商交易额达到653亿元。2019年，拼多多农产品电商交易额大幅增长至1364亿元，是中国最大的农产品上行平台之一。电商平台的涌现和发展，成功助力农产品上行，创造当地物流、运营、农产品加工等就业岗位。目前，中国农产品主要服务于国内市场，跨境农产品具有广阔空间。在"一带一路"倡议引领下，电商平台可以通过中欧班列将农产品带出国门、走向世界。在加速农产品电商上行的同时，也应当推动全品类、网上网下、各产业等融合发展，比如培育康养度假、旅游休闲等产业。

第三，推进农村新型基础设施建设。加快农村宽带网络和4G、5G覆盖，提升互联网普及率；改善农村学校网络条件，为在线教育发展创造条件；加快农村物流三级节点网络建设，畅通农村电商物流。

7. 推进全产业数字化转型

（1）推进数字技术与政府治理融合

建设数字政府是数字经济时代下对政府治理变革的要求，数字化治理发挥了重要作用。

第一，运用互联网、人工智能、RPA（机器人流程自动化）等技术搭建政府服务平台或制造政务机器人。基于RPA技术制造的政务机器人，可应用于重复性、数量多、机械化的业务工作，不仅能够优化工作人员的时间和效率，而且可以通过监控、追踪和控制业务流程执行以提升业务办理的准确性。

第二，运用大数据、云计算等技术存储并分析政务数据，实时追踪和评估政策的有效性。比如政府面向公众发放数字消费券后可以追踪消费券的使用情况、使用场景，评估消费券对刺激消费的作用。

（2）推进数字技术与文旅产业融合

通过AR（增强现实）、VR（虚拟现实）等数字技术对公园、博物馆、展览等进行数字化改造，提升景区智慧化服务能力，增加营销卖点，使人们在无法出行的情况下能够进行沉浸式的体验。

（3）推进数字技术与全生产过程融合

依靠区块链等技术对生产、加工、仓储、销售等全生产过程进行溯源，增加了信息的透明度。这一举措在食品安全问题频发的背景下具有重要意义。

大力发展智能制造，抢占全球制造业新一轮竞争制高点。①鼓励互联网平台型企业参与制造业数字化，利用平台型企业数字、技术资源为制造企业赋能。

②发展智能车间、智能工厂。支持制造业龙头企业或有条件的企业打造智能车间和智能工厂，实现数字化生产和管理。③加快智能制造相关技术、管理人才培养。加强在职人员数字化技能培训，推进相关学科和课程体系建设，鼓励企业和高校联合培养。

推进农业数字化转型，可以激发农业经济增长的活力，缩小与服务业数字化发展程度的差距。要推进农业数字化转型，首先，应推动农业生产技术设备和管理智能化，促进计算机技术和遥感技术等信息技术与农业生产技术设备结合，以生产出智能农业生产技术设备，推广大数据和人工智能等技术在农业生产管理上的应用，更精准高效地开展农业生产经营活动。其次，应推动农业信息平台搭建。搭建农业科技服务平台，方便农民交流、学习最新技术，以及方便技术专家在线为农民解决实际生产难题。

8. 充分重视老年群体需求

消除代际数字鸿沟，让老年群体享受到数字技术发展的红利，不仅是社会进步的要求，也是政府的责任和义务。2020年国务院出台《关于切实解决老年人运用智能技术困难的实施方案》，解决老年人在运用智能技术方面遇到的困难，保障老年人享受到智能化服务带来的便利。要想消除代际数字鸿沟可以从以下两个方面入手。

第一，让数字经济赋能和服务于老年人。首先，在开发设计数字产品的时候，应充分考虑老年群体的生理条件和使用习惯，增加方便程度。比如在就医服务方面，简化网络预约挂号流程，为老年人提供语音指导，并在就医场景中增加人脸识别等技术的应用；在产品需求方面，设计适合老年人使用的智能手机，比如具有显示字体大、语音识别和播报、待机时间长、功能精简、价格低廉等特点。其次，根据老年人的教育、医疗、社交娱乐等需求提供智能服务或开发适老智能应用。中国即将迈入中度老龄化社会，老年群体人口比重的增加带来了广阔的老年消费市场。比如在教育方面，基于互联网平台建立网上老年大学，在线教育模式可以有效解决传统老年大学数量不足、师资水平不高等现实约束和老年人日益旺盛的教育需求之间的冲突；在社交娱乐方面，开发并优化歌咏、运动方面的应用，让老年人在家也能跳广场舞。

第二，让老年人跟上数字时代的步伐。社区或老年大学可以组织培训和开设相关课程，包括网络知识普及和智能手机使用等方面；鼓励在家庭内部对老年人进行培训，包括智能家居使用和可穿戴医疗设备使用等。

二、关于信息经济

（一）新时期的信息经济

信息经济主要是指以信息网络技术为基础，发挥信息通信技术的先进性，将其与其他行业进行交融、融合，以此为根本促进以信息产业为核心的新型经济的实现。信息技术的不断进步和大面积普及使互联网能够搜集相对分散的知识内容，并将其进行整合，变得更具全面性、系统性。其还能够将原本抽象的、无法直接理解的知识转化成为直观的、具体的知识内容，使人们在观看学习与掌握的过程中能够正确认识这些知识的价值与作用，使更多的人能够对世界产生一个正确的认知。发挥先进信息技术的作用，能有效促进知识的数字化改造，推动信息经济的发展，真正实现智慧化、知识化。

（二）新时期信息经济平稳发展的建议

1. 发挥协同作用

在大数据时代背景下，应当重视大数据产业生态系统的构建，只有以此为基础促进技术、运营等多方面规则的完善化发展，才能使整个产业的生态系统发挥协同作用，使产业在较为稳定的状态中完成运转。一个较为完整的大数据产业生态系统，包含音视频、图片、位置、文本等属于大数据的数据源，部分企业负责进行数据收集，部分企业针对数据建立了相应的数据平台与数据仓库，以便对数据进行有效管理，而更多的企业致力于大数据价值的挖掘及应用。通过采集、管理与使用，构成一个较为完整的大数据产业生态系统。

对政府而言，在保证各方面利益的基础上，应当积极鼓励企业、研究机构等对大数据相关技术进行研究与分析，并不断对其进行创新，深入探索数据采集、数据挖掘、数据存储、可视计算等领域，并设立专项资金，为其提供足够的政策支持，以及提供一定的资金支持。这样能有效促进云计算、物联网及基础设施的建设，为大数据技术的不断发展奠定坚实基础。这样一来，技术的进步可以为企业的发展带来强大的核心竞争力，使企业能正确找到适合自身的可持续发展路径，为市场竞争带来更多活力，有效带动当地经济不断发展。

2. 重视合作共享

为有效促进信息经济的发展，应当重视企业之间的合作，真正促进数据共享。

原本简单的数据挖掘发展到更加高效化、智能化决策方向，需要重视大数据技术中的综合信息的分析与整理，而不能单纯只依靠单个数据的来源进行判定。只有积极消除"信息孤岛"带来的弊端，才能真正发挥合作共享的作用，搭建完善的数据信息平台，以信息共享机制、系统互联互通为基础，发挥多元化资源的价值与作用，真正实现互相支撑、互通有无，为多方共赢局面提供更为完善的信息技术。

大数据技术在实际使用过程中，可能会面临隐私权被侵犯的问题。目前，常见的隐私权保护手段便是使用反病毒技术、防火墙技术等，但是若想要真正保护人民群众、企业、政府的隐私权与安全，单纯依靠技术的支持远远不够，只有重视发挥法律法规的作用，才能真正切实落实保障工作。因此，各个国家在使用大数据技术过程中，均使用立法的方式保护公民的隐私。为有效保证大数据技术在应用过程中其使用的合法化、规则化，我国也十分重视在现有的隐私权基础上结合实际情况补充与网络隐私泄露相关的法律法规条款，使其能真正满足大数据技术的发展需求。

3. 加强市场建设

信息时代背景下，信息技术的飞速发展使云计算、物联网等成为当下各行各业追逐的焦点，而大数据技术在出现之后，又为 IT 行业带来了一项极为重要的技术革命。如何让具有庞大信息的数据资产发挥自身应有的价值与作用，使其能够为人民群众的生活、企业发展的经营决策，以及国家运行的政策管理提供准确真实的数据依据，这也正是大数据技术出现的原因，以及其升级的主要方向。

大数据时代，信息经济发展过程中对所需要的人才要求逐渐提高，这些人才的培养应当以互联网时代应用类人才、云计算类人才为基础。只有重视对于人才的培养，才能真正满足市场发展的需求，因此，企业应当重视与校园的合作，积极促进大数据人才培养，重视解决市场上的人才缺口问题，为大数据产业生态系统的建设提供更为坚实的人才基础，为信息经济的飞速发展、信息产业的可持续进步奠定坚实基础。

三、关于知识经济

（一）新时期的知识经济

知识经济是一个经济学理论概念，是建立在知识的生产、分配和使用（消费）之上的经济形态，最早出现于 20 世纪 90 年代末期，主要是指借助新知识来发展经济。新知识包含的内容丰富多样，如新兴技术、新兴观念等，以运用新知识来创造经济价值的方式都可以被归纳为知识经济。

知识经济最初和经济学联系较为密切，对管理的影响并不大，随着社会的进一步发展，知识经济运行方式已经成了推动企业经济管理进步最主要的方式之一，能为企业管理工作高效开展提供支持，使企业获得更好的经济收益，从而推动企业的可持续发展。知识经济在社会中的影响较为深远，在经济发展过程中，运用知识经济，能使企业的经济呈现更加多样化的方式，确保企业发展符合现实需要，为企业经济管理创新工作提供新思路。

（二）知识经济背景下企业经济管理存在问题

目前，我国企业所开展的经济管理工作虽然取得了一些成效，但在知识经济背景下，仍然存在一些问题，对企业的可持续发展形成了一些阻碍，因此必须及时进行分析，找出问题的根源。企业在经济管理过程中较为常见的问题可以总结为以下几点。

1. 企业管理层没有树立正确的管理观念

企业管理层所具有的管理观念在一定程度上决定经济管理效果。部分企业在开展经济管理工作时，较为注重当前可以获得的短期收益，没有从长远的战略高度出发，将长期生产活动作为获得收益的主要途径，没有认识到经济管理工作对于企业发展的关键性。如果企业在发展时对于经济管理的认识较为片面，没有将其落到实处，很可能会使企业的发展受到阻碍，导致企业无法达到预期发展目标。因此，企业必须要充分认识经济管理的重要作用，将其落到实处，提升管理效果，从而推动企业的可持续发展，使企业各方面能力得到提升。

2. 企业未形成完善的经济管理体系

由于一些企业并不关注经济管理工作的开展，在进行经济管理体系建设时，相关人员的工作较为敷衍，并没有从企业现实情况出发，健全企业的经济管理体系，而且在实践经济管理体系的过程中，经常会被一些因素所影响，导致经济管理体系无法落到实处。除此之外，部分企业没有对不同工作人员的责任进行明确划分，职责不清，出现问题时互相推卸责任，导致问题无法在第一时间得到有效解决。

3. 经济管理落实难度比较大

企业在构建经济管理体系以后，假如管理人员并没有坚持管理制度，并且在进行工作时没有明确权利和责任,则会对员工的现实工作造成阻碍,限制企业进一步发展,严重时甚至会威胁企业的生存。因此,相关人员在开展工作时必须要对经济管理制度进行系统分析,加大力度贯彻落实。

(三)新时期知识经济平稳发展的建议

1. 知识经济背景下人才的培养建议

(1)建立科学合理的薪酬机制

想要培养和留存关键性人才,在物质需求方面需要将关键性人才与普通员工拉开适当的距离,这样才能提高关键性人才的工作积极性和热情,将其能力充分发挥至工作中,同时对于普通员工也是一种激励,能刺激他们为了获取更多的物质而投身于知识和技能的学习中,逐渐成为企业所需的关键性人才。此外,应适当缩小管理层与关键性人才之间的薪酬差距,同时制定薪酬制度与岗位晋升的公平原则,使薪酬能够体现个人价值。科学合理的薪酬机制应具备灵活性和弹性,在基础工资外,可以通过奖金、补贴、全勤、福利、提成等方式设置相关的奖励,这种有层次的薪酬机制能够激发关键性人才的进取心,让他们勇于创新。

(2)提供多种激励方式

除了物质激励,企业针对关键性人才的激励方式可以多样化,包括精神激励、培训激励、股权激励等。其中精神激励的方式有嘉奖,予以关键性人才充分的信任,在日常工作和生活中加强与他们之间的沟通交流等。培训激励主要是对关键性人才进行深层次的专业培训,不仅有业务培训,还包括继续教育、职业发展和特殊培训等。关键性人才具有极强的学习和创新能力,也对自我实现要求强烈,因此对他们提供培训激励,在为企业培养人才的同时,还能增强他们与企业的联系,促使他们为企业的发展贡献自己的力量,满足其成就感。股权激励方面,企业可以根据自身的实际情况,结合关键性人才的能力和价值,有条件地以股权形式分配不同比例股票,这样不仅是对关键性人才价值的认可,也能鼓励他们更加积极地工作。

(3)给予充分授权

关键性人才是企业的核心员工,他们十分了解企业的发展现状、技术水平、销售情况以及需要改进的方面。因此,企业可以在工艺技术的研发、生产路线的确定、营销方案设计及决策方面予以关键性人才充分的信任,给予其完全的决定权，让他们能够自行做出决策，而不是按照管理者的命令行事，从而提高决策效率，让他们在工作中获取成就感和自豪感，并增强他们对于企业的归属感。

（4）打造优秀的企业文化

优秀的企业文化能够增强员工的向心力，让员工将自身的前途与企业的发展紧密结合起来，使其努力工作，从而促进企业更好发展。优秀的企业文化能够为关键性人才提供积极的精神引导和正确的思想观念，有利于整合其价值取向，激发工作热情。

企业在打造企业文化时，可以让关键性人才参与其中，营造出积极进取、和谐的工作环境，从而提高关键性人才的忠诚度。企业应加强与关键性人才的沟通，使他们了解企业的经营现状，并参与关键业务的决策，这样关键性人才会觉得自己是企业的重要成员，并产生归属感，进而激发工作积极性和热情。

（5）提供更多的个人发展机会

企业要给关键性人才提供足够的发展机会。首先，企业要建立合理公平的晋升制度。关键性人才有着很高的自我实现需求，企业通过职位晋升为他们提供能够实现自我成就和发展的途径，能够使关键性人才得到自我实现的满足，同时能让他们承担更多的责任，进而产生更强的激励作用。关键性人才的晋升机制要有章可循，公平且公正。其次，企业要给关键性人才制定职业发展规划。这样能够帮助他们在职业生涯中满足自我实现的需求，同时也是一种长远的管理手段。企业通过职业发展规划，能够将关键性人才的成长与企业的发展紧密联系，充分挖掘他们的潜力，发挥他们的学习和创新能力，从而实现企业和关键性人才的共同发展。

（6）建立合理的评价体系

关键性人才往往希望能够充分发挥自身的能力，并得到企业的认可，从而获得成就感。若缺乏科学合理的评价体系，则会影响关键性人才的工作完成度和对企业的忠诚度。评价体系的建立，必须能够全面、客观、公正地评价关键性人才的工作和价值，让他们能够及时了解自身的工作情况，这样才能调动他们的积极性和热情。有效的评价体系能够明确关键性人才的工作目标，引导他们往正确的方向进行努力，同时对他们也有约束力。当评价优秀的关键性人才获得丰厚的奖励时，也将进一步激发他们的工作积极性和创新能力，从而更好地推动企业的发展。

2. 知识经济时代的企业管理建议

知识经济时代与农业经济时代和工业经济时代所表现出的最大不同，就在于其以知识为基础,对于知识进行生产、分配、利用,并最终实现知识的可持续发展。知识经济时代,企业如果想要占据经济上的主导地位,需要意识到提升企业知识员工生产率的重要性。

(1)加强人力资源管理创新

人力资源管理对于任何知识经济背景下的企业发展都是必须要加强的一项工作,人力资源管理工作开展的质量对于提升企业核心竞争力有着重要作用。企业发展的根源是由优秀的专业人才所支撑的,因此人力资源管理对于企业来说是提供先进技术和先进知识的根本性工作,如果企业在人力资源管理上缺少创新意识,将无法组建知识经济时代下知识型的员工团队。

(2)加强对员工的培训

企业发展需要顺应时代发展的需求,因此企业需要对于员工组织定期的培训,为员工传达最新的知识和科学技术。在企业中创建学习型小组,以企业实际需求为出发点培训员工的操作技术。在知识经济时代下,员工的培训工作是至关重要的,员工培训的意义和要求也在逐渐提升,企业管理者需要意识到员工培训的重要意义,并且落实各项培训过程中的各项指标,让员工培训成为知识型企业构建的动力。

(3)细致做好后勤服务工作

后勤服务工作是企业管理工作的具体体现,也是企业管理工作的核心内容。因此,后勤服务工作的开展需要细致认真,保障员工在工作过程中遇到的问题都能够得到及时解决,为员工营造一个更加舒适无忧的工作环境,保证员工能够以一个放松专注的心态进行工作,全身心地投入企业建设中。因此,企业发展需要后勤服务工作作为保障,这也是知识经济时代企业管理工作创新过程中需要重视的一个重要问题。

(4)及时调整管理结构

在知识经济时代,企业管理和各层级员工之间的交流一般是利用信息技术,这让原本的管理结构有所改变,因此,企业不再需要过多的管理机构和人员,这时候对于管理结构的调整和精简便十分重要。通过对管理结构的总体性调整,能够降低员工之间交流的难度,以及减少命令实施所需要的时间,让领导与员工之间的交流更加顺畅,并且降低了企业的管理成本,以这部分开支来增加基层工作人员的工资收入,能够让企业的发展更加顺畅。

(5)提升企业决策的科学性

企业在发展过程中需要进行决策判断来决定发展方向,因此,企业在决策过程中应当提升决策的科学性。例如，企业在投资过程中，一定要提前进行论证、考察，确保新项目的投资能够给企业带来经济利润，在这样的前提下才能进行相关的投资活动。决策的过程需要听取相关领域专家和企业内部员工的意见，在广泛地调查和获取意见之后进行的决策，才是真正具有科学性的决策，才能让企业规避风险，迎来更好的发展。

（6）始终贯彻风险管理

风险管理是企业发展过程中必须要进行的一项企业管理工作。风险管理工作是在激烈的市场竞争背景下必须要进行的，因此企业需要认真面对这项工作。同时，在企业进行管理创新的过程中，风险管理也应该贯彻始终，避免因管理创新而为企业造成经济损失。

（7）创新经济管理观念

经济管理对于企业发展有着非常关键的作用。目前，经济发展已经进入知识经济时期，传统的企业经济管理观念已经无法满足时代发展的需求，这也是导致经济管理工作无法高效开展的原因之一。因此，在知识经济背景下，必须结合企业未来的发展方向以及市场环境、时代特征等多个方面的内容，及时地对经济管理观念进行创新。

（8）坚持正确的管理理念

只有系统、全面地进行分析，从不同角度出发，坚持正确的管理理念，才能充分展现出经济管理的优势，使企业经济管理创新更加符合新时期企业的需求。

第一，需要认识到企业经济管理下一步发展思路。在知识经济背景下，企业开展经济管理最主要的是要进行危机以及战略管理，合理地对风险进行规划管理，满足企业长远发展需求，有效地增强企业经济管理能力，从而使企业获得更好的发展。

第二，在进行战略管理工作时，要充分、系统、全面地认识战略管理的重要性。企业管理人员应该将实事求是作为原则，动态地开展管理工作，提升企业经济管理能力，有效发现企业危机，并制订相应的解决方案，降低企业出现经营风险的概率，从而促进企业经营管理有序开展。

第三，所选择使用的管理观念必须与时代需求相一致。只有如此，才能确保企业的发展是健康的、积极的，才能符合市场需求。

参考文献

[1] 刘彪文,蒋悟真,喻玲.反垄断政策对产业竞争的挑战及其应对研究[M].南昌:江西高校出版社,2010.

[2] 孙晋.反垄断法:制度与原理[M].武汉:武汉大学出版社,2010.

[3] 肖伟志.价格歧视的反垄断法规制[M].北京:中国政法大学出版社,2011.

[4] 丁国峰.反垄断法律责任制度理论与实践[M].昆明:云南大学出版社,2013.

[5] 纪红丽.支配性企业形成的原因及其反垄断问题研究[M].北京:中国经济出版社,2014.

[6] 赵栋.反垄断民事证据制度研究[M].北京:中国政法大学出版社,2014.

[7] 李剑.反垄断法核心设施理论研究[M].上海:上海交通大学出版社,2015.

[8] 高重迎.行业协会的反垄断法规制[M].北京:中国政法大学出版社,2016.

[9] 程贵孙.互联网平台竞争定价与反垄断规制研究:基于双边市场理论的视角[M].上海:上海财经大学出版社,2016.

[10] 程璐.反垄断法的国际冲突与协作[M].成都:西南交通大学出版社,2017.

[11] 李国海.反垄断法律责任专题研究[M].武汉:武汉大学出版社,2018.

[12] 谢运博,陈宏民.平台型企业的横向合并与反垄断规制[M].上海:上海交通大学出版社,2019.

[13] 韩伟.迈向智能时代的反垄断法演化[M].北京:法律出版社,2019.

[14] 杜长辉.中国反垄断法律框架下互联网行业的相关市场界定[M].北京:知识产权出版社,2020.

[15] 穆维博.中国反垄断法豁免制度研究[M].西安:陕西人民出版社,

2020.

[16] 王少南. 双边市场与反垄断：平台优势滥用及其规制研究［M］. 武汉：武汉大学出版社，2020.

[17] 张江莉. 反垄断法在互联网领域的实施［M］. 北京：中国法制出版社，2020.

[18] 方燕. 互联网竞争逻辑与反垄断政策：纷争与出路［M］. 北京：社会科学文献出版社，2020.

[19] 蔡恩泽. 数字经济反垄断势在必行［J］. 上海企业，2020（12）：70-71.

[20] 郝杰. 互联网反垄断的启示与意义［J］. 中国经济评论，2020（Z1）：52-53.

[21] 朱秋颖. 我国反垄断行政罚款制度研究［J］. 法制与经济，2020（11）：32-34.

[22] 刘云. 互联网平台反垄断的国际趋势及中国应对［J］. 政法论坛，2020，38（6）：92-101.

[23] 沈子华，梁满有. 数据垄断的挑战与反垄断法规制研究［J］. 青海师范大学学报（哲学社会科学版），2020，42（6）：38-42.

[24] 承上. 后疫情时代企业并购的反垄断规制［J］. 价格理论与实践，2020（7）：44-47.

[25] 谈海悦. 反垄断法经营者承诺制度的不足与完善［J］. 重庆电子工程职业学院学报，2020，29（5）：27-32.

[26] 刘大鹏. 行政性垄断及反垄断的法律规制［J］. 商洛学院学报，2020，34（5）：64-68.

[27] 林芮毅. 反垄断法视角下的标准必要专利权规制研究［J］. 辽东学院学报（社会科学版），2020，22（5）：47-52.

[28] 周航. 第三方支付反垄断分析中相关服务市场的界定［J］. 福建金融管理干部学院学报，2020（3）：32-39.

[29] 陈弘斐，胡东兰，李勇坚. 平台经济领域的反垄断与平台企业的杀手并购［J］. 东北财经大学学报，2021（1）：78-85.

[30] 唐要家，唐春晖. 数字平台反垄断相关市场界定［J］. 财经问题研究，2021（2）：33-41.